Fé

Coleção **PASSO-A-PASSO**

CIÊNCIAS SOCIAIS PASSO-A-PASSO
Direção: Celso Castro

FILOSOFIA PASSO-A-PASSO
Direção: Denis L. Rosenfield

PSICANÁLISE PASSO-A-PASSO
Direção: Marco Antonio Coutinho Jorge

Ver lista de títulos no final do volume

J.B. Libânio

Fé

Jorge Zahar Editor
Rio de Janeiro

Copyright desta edição © 2004:
Jorge Zahar Editor Ltda.
rua México 31 sobreloja
20031-144 Rio de Janeiro, RJ
tel.: (21) 2240-0226 / fax: (21) 2262-5123
e-mail: jze@zahar.com.br
site: www.zahar.com.br

Composição eletrônica: TopTextos Edições Gráficas Ltda.
Impressão: Geográfica Editora

Capa: Sérgio Campante

CIP-Brasil. Catalogação-na-fonte
Sindicato Nacional dos Editores de Livros, RJ.

Libânio, João Batista, 1932-
L664f Fé / J.B. Libânio. — Rio de Janeiro: Jorge Zahar Ed., 2004

(Passo-a-passo; 34)

Inclui bibliografia
ISBN 85-7110-765-3

1. Fé. I. Título. II. Série.

CDD 121.7
04-0216 CDU 165.43

Sumário

Introdução

A fé acompanha-nos durante toda a existência. É sombra de uma luz que nos vem desde o nascimento. O ser humano é corpo, abre-se ao mundo, marca sua presença nele. Relaciona-se com os outros corpos. É alma, vive. Organiza todas as energias para continuar vivendo. É espírito, lança pontes para outras liberdades e, embora em névoas, para o mistério, para o Ser, para o Absoluto. É um ser-fé. O filósofo marxista Ernst Bloch prefere falar de Princípio Esperança. No fundo, falamos da mesma coisa. O homem é mais do que ele mesmo, afirma Pascal.

Por quê, sendo o ser humano estruturalmente voltado para o mistério e para a Transcendência, a fé é-lhe problema? Por quê, tendo um desejo orientado para Deus, custa-lhe muitas vezes crer Nele? A busca de um Ser maior do que nós atravessa a história da cultura. Agostinho fala dos gemidos ocultos que não são ouvidos pelos homens e que só podem ser compreendidos por aquele a cujos olhos e ouvidos eles se dirigem — Deus. E por que o Ocidente veio a conhecer uma cultura atéia?

A fé planta-se na linha divisória do problema e da solução. Ora é problema — o eterno problema da fé — ora é solução — a eterna luz da fé. Mas isso não acontece igualmente em todos os momentos históricos, em todas as culturas, em todos os estágios da vida humana. Houve momentos históricos de quase unanimidade de fé. Há culturas mais religiosas. Há idades em que mais facilmente cremos. E alguns ainda diriam que há diferença de gênero na fé. Freqüentou muitos ambientes a convicção de que a fé pertencia a etnias primitivas, a culturas tradicionais, à infância da vida, à sensibilidade feminina. E afirmar-se homem maduro, ocidental e moderno significava, automaticamente, protestar ateísmo ou falta de crença.

Ainda hoje lemos autores que se vangloriam de ter chegado à plena liberdade cultural do ateísmo, rejeitando qualquer resquício religioso como entulho do passado cultural tradicional ou de heranças familiares. O filósofo francês contemporâneo, Marcel Conche, com toda a tranqüilidade, declara-se feliz: "Vi-me ateu, para grande satisfação da minha razão, talvez também para minha satisfação pessoal, porque, desde o surgimento da minha vocação, eu desejava renunciar aos objetos culturais." A religião tornou-se para ele sofrimento, enquanto a filosofia proporcionava felicidade. Conche vai buscar seu modelo de vida em Homero e na figura de Heitor, por ser "apenas humano", numa atitude tipicamente estóica.

O fato, porém, de escrever-se mais um livro sobre a fé aposta em outra face da cultura atual. Um terrível cansaço perpassa a modernidade pós-cristã, que corroeu idéias e valores tradicionais. Pascal sentia, já ainda jovem, como o silêncio eterno dos espaços infinitos da matemática newtoniana o apavorava. O filósofo francês Henri Gouhier datava o nascimento da ciência moderna do dia em que os anjos foram expulsos do céu.

O século XIX anunciou a morte de Deus, seguida da morte do homem no século XX, mas o século XXI, na terrível orfandade divina e na degradação dos direitos humanos, paradoxalmente afirmados na Carta da ONU de 1948 e vilipendiados por guerras, misérias, segregações e exclusões até de continentes — grita por religião e quem sabe até por Deus. O viés da fé é uma boa porta de entrada para esse fenômeno religioso do século XXI.

Assistimos hoje em dia a um aumento da curiosidade pelas religiões. Mas o que há é simplesmente um movimento de erudição, de satisfação de curiosidade intelectual. Pertence à doença da mídia moderna provocar o exótico e oferecê-lo. Mas há mais. Há busca de realidades místicas que venham responder à solidão da racionalidade instrumental, ao cálculo frio da sociedade materialista e consumista.

Em escala planetária, percorrem as infovias mensagens religiosas de todos os feitios. Religiões, que até pouco tempo se consideravam feudo de culturas ou regiões determinadas do planeta, hoje se percebem patrimônio da humanidade. Permitem que a mídia as faça circular por todas as partes do globo.

O nosso tema não é a religião, mas a fé. Embora pertençam a um mesmo universo semântico, têm suas diferenças. Por escolha, fé constitui-se o substantivo de nossa reflexão. A religião se transformará num dos adjetivos da fé: a fé religiosa. E a partir daí entenderemos que o termo fé cobre outras realidades, anteriores e posteriores à experiência religiosa. Não se identifica sem mais com ela.

Como auxílio para a reflexão estabeleceremos primeiramente um conceito-base de fé, para depois considerá-lo em cinco contextos diferentes. Vamos reter o seguinte elemento como estrutural, fundamental e essencial de fé: ato pelo qual nos entregamos, numa atitude de confiança, a uma realidade ou a alguém. Três elementos constituem esse ato básico. Um sujeito que se relaciona com um objeto. Um objeto (realidade ou pessoa) com que o sujeito se relaciona. E o mais importante: a relação se faz numa atitude de entrega, de confiança, de colocar, de certo modo, no outro o fundamento desse ato, sem negar a própria subjetividade. Uma das etimologias de "crer" revela a natureza íntima desse gesto. "Crer" vem do latim *credere*, constituído de *cor* + *dare* — dar o coração a alguém. E o coração nas antropologias tradicionais traduz a totalidade da pessoa no gesto afetivo de entrega. Aí estaria o cerne da fé. Outros fazem remontar o termo "crer" à experiência econômica de "crédito", que, no fundo, significa que confio que o outro me dará aquele valor a que tenho direito por venda, compra ou empréstimo.

A fé, como aposta em algo ou alguém, é de todos. Sem isso, não vivemos. Não temos absolutamente nenhuma condição de conhecer o intrincado da realidade humana a ponto de definir exata e totalmente o que está em jogo. Se o soubéssemos, a vida não teria surpresa e, em última análise, nem seríamos livres diante da realidade. Com muito mais razão, desconhecemos a liberdade humana com que estabelecemos um elo de confiança. Será sobre essa fé humana, antropológica, que primeiramente discorrerei.

O mistério, o sagrado, nos atemoriza e seduz. A ele entregamo-nos, num gesto de acolhida e de resposta. Trata-se da fé religiosa — mais um passo para nossa reflexão. E se esse mistério é Deus, que se nos revela, tocamos a fé teologal própria das religiões monoteístas: judaísmo, cristianismo e islamismo. O cristianismo assume a fé teologal e explicita-lhe o conteúdo, afirmando que o Deus único na sua natureza é tripessoal e que sabemos disso por causa da revelação de Jesus Cristo. Acolher tal revelação de Jesus é a característica da fé cristã. Finalmente, os cristãos entendem que a fé se vive em comunidade. Trata-se da fé eclesial. Esses níveis de fé ocuparão a nossa reflexão.

Fé

O uso faz o significado. Na linguagem comum, empregamos o termo "fé" para diversas situações. Ouvimos alguém falar, em seguida acrescentamos: "Cremos que ele tem razão." Outro comenta: "Creio que ele virá à reunião." Olhando para o céu, alguém diz: "Creio que vai chover." A conversa avança para campos desconhecidos. Surge logo a pergunta: "Você crê em OVNI? Você crê em fantasmas?" Em discussões religiosas, brota imediatamente a pergunta: "Você crê em Deus?"

Os institutos de pesquisa elaboram questionários sobre as crenças do povo. De novo a palavra-chave é "crença", de crer. Então, será que por trás de todos esses termos e situações existe uma experiência humana fundamental? Que significa dizer: "eu creio"?

Fé humana

Descrição de sua natureza. A fé é uma experiência humana fundamental que se faz entre as pessoas e que se prolonga para coisas, mistérios e religiões. Crer é a condição de existir num convívio humano.

Nascemos incompletos. Ao nos compararmos com os animais, percebemos a enorme diferença. Eles conseguem com horas ou dias libertar-se dos vínculos de seus progenitores. Já o recém-nascido humano permanece numa dependência total de vida e morte em relação aos pais e aos que cuidam dele. Sem ela, não vinga. Tal situação de incompletude predispõe-nos — mais, obriga-nos — a manter uma atitude de confiança no outro. Necessitamos da liberdade de outros para existir.

A própria liberdade constitui-se na relação com outras liberdades. Sem ela, permanecemos no reino animal, sem nos humanizarmos. Divulgou-se amplamente o episódio das meninas Amala e Kamala, que foram encontradas na Índia, em 1920. Tinham sido criadas por famílias de lobos. Sem contato com outros homens, elas não desenvolveram nenhuma característica humana, como o bipedalismo, os hábitos alimentares, a linguagem, as emoções do choro ou do riso, ou alguma forma de cultura ou trabalho humanos, conscientes.

O primeiro movimento instintivo é o de confiança no outro que acolhe, que protege, que cuida. Se essa primeira experiência humana é bem-sucedida, tem-se a base psicológica para a fé. Firma-se no inconsciente da criança a atitude espontânea de entrega para além do puramente instintivo. Essa experiência, porém, não é sempre feita integral e transparentemente. Imiscuem-se medos, inseguranças e percepções de rejeição que se fixam no inconsciente. E comumente as pessoas sentem-se interiormente divididas, em graus diferentes, entre a desconfiança e a confiança.

Pela simples observação das crianças pequenas, distinguimos aquelas que facilmente estendem os braços a um estranho e as que se defendem dele. Dizemos que uma criança é "dada", quando manifesta espontaneidade em se entregar aos braços de outro. Sem muita elaboração teórica, reservamos o termo "tímido", "desconfiado" ou "bicho do mato" para quem resiste a sair dos braços conhecidos dos pais.

Nesses primeiros anos de vida, planta-se a semente da fé humana ou da resistência a ela. Ao longo do crescimento, com um processo consciente e trabalhado, consegue-se superar os entraves dos primeiros anos. No entanto, haverá quem tenha mais dificuldade ou facilidade para desenvolver a atitude de fé nas pessoas.

O jogo de experiências, que constitui nossa existência, irá nos ensinar a dificuldade de discernir em quem ter fé. A fidelidade e a traição de amigos, de pessoas em quem acreditamos, deixam-nos perplexos. Para o cristão, tornaram-se paradigmáticos os casos de Pedro e Judas na vida de Jesus. Ambos foram convidados para ser seguidores íntimos de Jesus. Ele tinha fé neles; do contrário, não os teria escolhido. Pedro traiu, mas imediatamente reatou a amizade. Um tipo de experiência que reforça a confiança na pessoa humana. Mesmo quando falha, existe nela força interior que a faz reerguer-se. Judas também traiu, mas permaneceu nessa situação até o suicídio.

A fé humana implica necessariamente risco. A razão profunda está na impossibilidade de penetrar o interior da outra pessoa, já que sua liberdade não nos é transparente. Ao contrário do que disse Sartre, o outro não é o inferno, mas mistério, incógnita, enigma. Não somos Édipo que decifra a adivinhação da Esfinge. Acontece, às vezes, o oposto: somos por ela devorados nas andanças pela história.

Entre a extrema credulidade e a desconfiança enrustida, aprendemos a crer nas pessoas a partir de sinais de credibilidade. Ao observá-las, detectamos elementos que abonam ou desabonam a veracidade de suas palavras e condutas. Discernindo-os atribuímo-lhes mais ou menos fé. Desloca-se o problema para os sinais. Quais permitem maior ou menor credibilidade? Quais gozam de maior ou menor clarividência?

A medicina desenvolve, a respeito das enfermidades, sintomatologias aperfeiçoadas. Nesse campo, o processo é mais fácil, porque se trata de observações empíricas que não sofrem, em geral, a influência das decisões humanas na sua gestação. No campo da fé humana, os sinais de credibilidade dependem de culturas, idades, histórico-existenciais, etnias, de tal modo que ficamos entregues mais à capacidade intuitiva do que à verificação empírica.

Numa relação constante com a cultura em que se vive, cada um constrói os sinais de credibilidade que opera nas relações humanas, confiando numas e não em outras. Essa fé humana nunca é definitiva. Os sinais emitidos pelo outro estão sujeitos à mudança. Daí que a fé humana está sempre sujeita a reversões — que são comuns e acontecem até nos espaços de maior fiabilidade, como o da vida intrafamiliar.

Há casos dolorosos de ilusão e engano durante anos. Esposos ou esposas que acreditavam plenamente no cônjuge são surpreendidos por traição, nem sempre casual, mas ao contrário, continuada. Equivocaram-se na captação dos gestos emitidos pelo companheiro. Uma vez instalada a descrença, torna-se difícil reconstruir a fé na pessoa que traiu. Toda fé humana é um risco inevitável pelos dois lados — o de quem crê, porque é falível a nossa percepção do outro, e o de em quem se crê, porque também ele pode enganar.

A verdadeira experiência de fé humana exige de quem crê um gesto de entrega, e daquele em quem se crê a verdade de sua existência, a veracidade de seu ser. A fé é sempre bilateral. De um lado há a entrega; de outro, a aceitação merecida. Portanto, a fé humana se opõe à ilusão, ao engano, à mentira, ao mito, à superstição.

Situações que impedem a fé humana. A fé humana é construída ao longo da existência. Há fatores psicossociais que a favorecem ou dificultam. Algumas pessoas sentem mais facilidade para crer no outro, outras resistem a fazê-lo. A psicologia aponta a infância e a adolescência como períodos da existência humana em que a capacidade de distinguir os sinais é pouco desenvolvida e, portanto, os mais jovens facilmente são induzidos a equívocos.

Experiências de abandono ou de superproteção na primeira infância traumatizam crianças no processo de desenvolvimento da fé humana. Percebendo-se rejeitadas pelo abandono ou minimizadas e incapacitadas pela superproteção, sofrem inconscientemente de desconfiança em si mesmas. Se não crêem em si, como crerão nos outros? Se não merecem a acolhida e o afeto dos outros, como não temer qualquer demonstração de fé recebida e como então depositar fé em outros? Há uma falha de base que dificulta o gesto livre e autônomo de construir uma relação de mútua confiança. A insegurança pessoal esconde a incapacidade de entregar-se. O chão se lhe foge.

Por outro lado, também o extremo da autoconfiança dificulta crer no outro. O onipotente não encontra em ninguém um igual com o qual instaure uma relação recíproca. Em termos ascéticos, o orgulhoso curte terrível solidão. Só existe ele. Submete todas as coisas e pessoas a si mesmo, julgando-se superior a elas. Não sente falta de nada nem de ninguém. Para que então crer no outro, se não precisa dele? A fé humana ancora-se fundamentalmente na nossa experiência de fragilidade, de incompletude, de carência de outros para existir. Necessitamos confiar neles.

Semelhantemente à autoconfiança, pessoas dotadas de muita beleza, riqueza, poder ou outras qualidades sofrem freqüentemente com a dificuldade de crer no outro. Temem estar sendo procuradas não pelo que são, mas pelo que têm. Os próprios talentos aparecem-lhes pertencendo ao mundo do ter e não do ser. Elas não *são* belas, ricas, poderosas, talentosas, mas *têm* esses atributos, certamente efêmeros. E se os perderem, continuarão amadas e procuradas? Corroídas por essa dúvida, conservam um pé atrás nas relações. Como crer, se esse ato implica entrega sem reserva, sem subterfúgios, sem adversativas?

Na idade dos enamoramentos, a paixão confunde crer no outro com perder-se nele sem lucidez. A fé humana não é cega. Ela trabalha sobre sinais de credibilidade, como vimos acima. A paixão torna obscura a percepção dos sinais. Nem os requer, pois alimenta-se de si mesma. A pessoa parece crer totalmente no outro, mas está movida por grande ilusão. É um incêndio de amor. Quando se apaga, a pessoa vê-se diante das cinzas da realidade acabada ou nunca vigente. Em uma palestra sobre a adolescência, a psicanalista Fátima Fenati apontava a paixão nessa idade como uma das formas de alienação. Onde esta se se faz presente, não há fé. Exatamente o oposto do equivocado lugar-comum de que a fé é alienação. A alienação impede de crer, porque compromete a verdade da relação de entrega mútua, própria da fé. O jovem apaixonado pensa que crê no outro, mas não é fé, é paixão. Os biólogos vão mais longe: tentam descobrir no organismo aquela função que nos ajuda a discernir, a ser clarividente para crer realmente. Afirmam que, nos jovens, as conexões entre os neurônios que afetam a capacidade emocional ainda não estão bem formadas. Deficiências no sistema límbico impedem que eles saibam interpretar bem as expressões faciais, os sinais emitidos pelos outros. Daí equivocarem-se nos juízos sobre as pessoas e serem iludidos em vez de firmarem-se sobre uma fé humana lúcida.

O oposto da fé humana é o medo. Dele vem a maior dificuldade de crer. À medida que o medo cresce na vida de uma pessoa, diminui nela o espaço da fé. Vem-se estudando muito essa realidade (Jean Delumeau, por exemplo escreveu uma obra monumental sobre a história do medo no Ocidente entre 1300 e 1800), que faz a ponte dos impedimentos pessoais para os sociais. O medo atravessa os dois universos, radica-se na estrutura psíquica da pessoa e envolve as coletividades. Quanto mais caminhamos para uma sociedade do medo, mais importante torna-se tal reflexão. Isso não foi privilégio de sociedades antigas. É terrivelmente atual, apesar do crescimento dos sistemas de repressão, de defesa e de proteção. O medo abala a segurança. E uma certa segurança está na base da fé humana.

A onipresença do medo não se deu somente no fim da Idade Média. É de hoje também. As causas são diferentes, embora soem iguais em sua materialidade. Temia-se então a escuridão da noite com seus fantasmas, lobisomens, animais ferozes e malefícios. Hoje a noite está iluminada eletricamente, mas atemoriza pelos assaltos e crimes. As pestes amedrontavam os medievais. As epidemias de doenças como aids e dengue, além de outros males, como câncer e infartos, continuam à espreita da civilização da tecnologia. Quanto mais medo, menos liberdade. Quanto mais medo, menos possibilidade de crer humanamente.

Além disso, medo e violência andam de mãos dadas. O crescimento dos índices de violência nas sociedades moderna e pós-moderna vem abalando a base da fé humana. A expressão do poeta latino Plauto (século III a.C.), ressuscitada na pena de Thomas Hobbes (1588-1679) — *homo homini lupus*, o ser humano é um lobo para o outro ser humano —, traduz a atitude dos indivíduos de se colocarem uns em oposição aos outros, numa concepção da anterioridade do indivíduo sobre a sociedade. No reino do individualismo, a fé humana míngua.

Conclusão. Apesar da crescente onda de descrença generalizada na vida, na política, nas promessas dos governos, nas ideologias, na família, no amor, enfim, em tantas e tantas realidades, o ser humano é alguém que ainda vive mais da fé do que da desconfiança. Apenas não nos damos conta dos infinitos atos de fé humana que praticamos a cada dia. A vida sem fé humana é impossível. Se não, vejamos.

Vamos fazer alguma refeição. Quem garante que os alimentos não estejam envenenados? Entramos num ônibus ou avião. Quem garante que foi feita a devida revisão que nos assegure viagem tranqüila? Milhares e milhares de pessoas estão envolvidas, em quem anonimamente cremos, para que continuemos vivos a cada minuto. É impressionante a fé humana que temos para existir em sociedade. A realidade social é um gigantesco aparelho de infinitas peças que só funcionam para a vida se um número impressionante de pessoas estiver responsavelmente envolvido. Nelas cremos.

umano é paradoxalmente um ser de fé e de ...ça. Só que muito mais de fé que de desconfiança. ...stante falta de fé humana naqueles que nos cercam ...varia à loucura. Por isso, preferimos nem pensar que es...amos crendo. Crer é estruturalmente humano.

A psicologia tem demonstrado a importância de figuras simbólicas e significativas no desenvolvimento da personalidade, especialmente de crianças e jovens, que nelas confiam e segundo elas se moldam. E quando essas figuras são verdadeiras testemunhas de vida de fé, atraem outras a seguir-lhes o exemplo. Estas apostam na vida que aquelas pessoas encarnam. Acreditamos na sua vida e orientamos a nossa numa mesma direção. Se acreditamos nos humanos, qual é o problema da fé religiosa?

Fé religiosa

A fé religiosa é construída sobre a base humana. Sem fé humana, não haveria fé religiosa. Ela pede um salto para além da esfera das relações humanas: entra-se no campo do mistério.

Significado de mistério. Mistério tem dupla conotação: de limite e de sedução. Ao nos depararmos com realidades que são difíceis, que nos desafiam a inteligência, comumente dizemos sem mais: Isso é um mistério! É o limite de nossa inteligência. São realidades criadas, mas resistem a uma transparência total. Das partículas subatômicas à astrofísica, do proceder humano aos os mecanismos da sociedade: quantos mistérios!

O mais intrigante é a liberdade humana. Tem tudo para tomar uma direção e decide enveredar-se por outro caminho. A maior pretensão da ciência é liquidar com esse conceito de mistério. Mistério seria o ainda não conhecido, mas que um dia conseguiremos conhecer. A própria liberdade humana cai sob essa presunção. Os comportamentalistas reduzem-na a um feixe de condicionamentos controláveis. É questão de pesquisas empíricas. Psicanalistas vasculham o inconsciente para aí encontrar a chave de compreensão de todo procedimento humano. A biologia submete o cérebro humano a tais análises a fim de descobrir as causas orgânicas do amor, da fé, enfim, dos atos psíquicos. Mistério, nesse sentido, é uma realidade provisória.

Ideologia do cientificismo e sua crítica. O cientificismo significou a ideologia de identificar a realidade ao verificável, causando a morte definitiva do mistério no campo do conhecimento. O que não é verificável pertence ao mundo do mito, da superstição, da fábula, do sentimento. O Círculo de Viena representou no século passado a expressão acabada de tal ideologia. Todo o campo religioso é reduzido ao secular. Estamos no reinado da razão iluminista que pretende desmontar o mistério, como se fosse uma máquina inventada pela ignorância e crendice das pessoas. Uma vez penetrado pela razão, ele cairia como um castelo de cartas. Ao ser transfixado racionalmente, não sobraria mais espaço para nenhuma realidade transcendente ou sobrenatural.

Tudo é imanente, natural, redutível à razão. Estamos diante da profanidade absoluta, sem janela aberta para nenhum horizonte além do terrestre.

Atualmente as ciências tornaram-se mais modestas. Aceitam facilmente as barreiras da inteligência humana em respeito ao conhecimento da realidade física e humana. Deparam-se com um limite intrínseco ao conhecimento e à inteligência humanos que remete então a outro sentido de mistério.

Universo semântico de mistério. O húmus cultural do termo mistério é religioso. Na sua origem grega, está o verbo *muein*. O Dicionário Oxford de Grego-Inglês dá-nos o sentido desse verbo: iniciar (alguém) nos mistérios (religiosos), usado mais freqüentemente na passiva "ser iniciado"; ensinar, instruir. Somente em sentido analógico mistério significa "segredo".

Mistério é fundamentalmente uma realidade transcendente. Não necessariamente pessoal. É tão fascinante que ao ser conhecido nos atrai para que o conheçamos sempre mais. Dentro desse mergulho de conhecimento percebe-se que se está diante de um oceano infinito, absolutamente intransponível para a razão. O mistério revela e esconde. Revela a riqueza, a transcendência de uma realidade, mas, ao mesmo tempo, veda-lhe a total transparência e conhecimento. Deixa o coração humano na situação que santo Agostinho formulou nas *Confissões*, referindo-se a Deus: "E o nosso coração vive inquieto, enquanto não repousa em Vós."

Pertencem ao conjunto semântico de mistério os termos sagrado, religioso, divino, numinoso, tabu. Nesse universo de experiências, fala-se de fé religiosa. O termo "sagrado", ou "sacro", vem do latim: *sacrum*, *sacer*. Em geral, significa tudo aquilo — pessoa, objeto, tempo, lugar, coisa — que nos permite ter a experiência do divino e vivenciar a fé religiosa. Aponta para uma dupla experiência: a presença de uma realidade estranha, grandiosa, inacessível aos sentidos e à posse humanos, de um lado, e, de outro, o sentimento de pequenez de nossa condição de criatura. Indo mais longe na etimologia, *sacer* vem de *sancire*. Em português temos o verbo "sancionar". O sagrado sanciona, garante, estabelece, torna real e efetiva por lei uma realidade que nos escapa, mas que percebemos presente. Sagrado está intimamente ligado a existente, a numinoso, ao que pertence ao mundo divino.

A fenomenologia da religião constata como experiência existente em todas as culturas, exceto na cultura moderna, a realidade numinosa, a fé religiosa. O termo "numinoso" — do latim *numen* — exprime a vontade e o poder divinos. O sagrado cria nas pessoas o sentimento de ser uma criatura, de pequenez diante da realidade maior. Rudolf Otto definiu esse sentimento humano com dois termos latinos paradoxais: *tremendum et fascinans*. *Tremendum* reflete o lado de medo, pavor, temor diante do mistério, do numinoso, do estranho. *Fascinans* traduz o sentimento oposto, de atração, sedução, fascinação, que o religioso produz.

Na linguagem comum, usa-se muito o termo "tabu", também de origem religiosa. Oriundo da Polinésia, exprime o conjunto de interditos, proibições rituais, que circunscrevem o divino a um espaço, rito ou tempo, de modo que o resto fica livre para a vida ordinária. Violar o tabu é penetrar indevidamente o lugar divino, assumindo os riscos dos castigos, vinganças e punições divinas.

Intitulamos a seção de "fé religiosa" para cobrir esse conjunto semântico. O termo "religioso" reflete, em sua etimologia, uma dupla experiência. Religião vem de *re* + *ligare* — religar, relacionar. Ela compreende meios, ritos, cultos, lugares e pessoas que permitem, facilitam e mediam nossa relação com o mundo divino. É o lado subjetivo da religião. Mas há ainda outra etimologia, atestada por Cícero, que vê "religião" originar-se de *re* + *legere* — reler, considerar. Ser religioso é cuidar das coisas que pertencem ao culto dos deuses, escolhendo-as. É o lado objetivo da religião.

A fé religiosa implica, portanto, ligar-se com o mundo divino e cuidar das coisas do culto. Implica a bipolaridade de dois universos existenciais: o humano e o divino. O termo "divino" permite duas intelecções: significa a pessoa de Deus — e nesse caso a fé religiosa dá um passo à frente e faz-se teologal — e exprime também uma esfera, uma dimensão, um clima, um espírito, uma aura que nos envolve como superior, misteriosa. Não se precisa exatamente de que se trata. É nesse sentido que usamos o termo "fé religiosa".

Fé religiosa no mundo pagão, no judaísmo e no cristianismo. A fé religiosa foi vivida mais intensamente no mundo pagão. O seu cotidiano era invadido pelos deuses, a tal ponto que a liberdade e a consciência humana de autonomia não tinham espaço de expressão e expansão. A *moira* ou *fatum* — destino — dos deuses comandava a história humana. Lendo as tragédias gregas percebemos essa situação. As pessoas eram extremamente religiosas.

Diferentes eram os judeus. Desenvolveram na tradição sacerdotal uma compreensão cada vez mais transcendente de Deus, questionando esse mundo religioso. Nessa mesma linha vai o cristianismo. São Justino testemunha que os cristãos foram chamados de ateus. E ele aceita tal epíteto, desde que o entendamos bem. "Confessamos ser ateus, caso se trate dos tais deuses nomeados. Mas não, se está-se tratando daquele verdadeiro Deus, pai da justiça, da temperança e das outras virtudes, sem nenhum vício misturado."

O cristianismo, na tese de Friedrich Gogarten (1887-1967), contribuiu para o fenômeno de secularização — isto é, de perda do caráter sagrado das realidades humanas, que se tornaram e se tornam cada vez mais autônomas. No entanto, o catolicismo brasileiro conservou enorme dose de fé religiosa. Os deuses, que povoavam a vida do religioso pagão, foram substituídos por Nossa Senhora, pelos anjos e santos. Evidentemente sem o culto de adoração ao imperador. A fé religiosa exprime-se numa convivência familiar com o mundo divino por meio dos amigos de Deus.

Fé religiosa no mundo secular e fé religiosa de corte ecológico. Fora do catolicismo, a fé religiosa cresce na sociedade atual por outra razão. A secularização, que teve seu apogeu nas décadas de 1960 e 1970, especialmente no meio intelectual e sob sua influência, provocou uma reação contrária. Ao uzir o papel e o poder das religiões sobre a sociedade e a ultura, a secularização produziu uma privatização das formas religiosas. As pessoas escolhem as formas religiosas que mais respondem à subjetividade, provocando verdadeiro surto religioso. É a outra face da secularização, que, minando as instituições, engendrou uma busca sedenta de expressões religiosas.

A fé religiosa significa, nesse contexto, saciar a dimensão religiosa pessoal. A realidade social e cultural tem gerado tal nível de angústia, depressão, fadiga psíquica, tédio, que se busca sofregamente onde e como responder a tal situação anímica. Nesse momento, a fé religiosa apresenta-se como resposta — gerando alívio e consolo, porque se confia numa realidade maior envolvente, mesmo sem se precisar demais. Em muitos casos, interferem nessa fé religiosa dois movimentos místicos atuais: o ecológico e o psicológico.

A ecologia tem seu espaço científico de autonomia. Questiona o modelo de desenvolvimento do Ocidente em nome da defesa do meio ambiente, da consciência do limite dos recursos da Terra, do risco da destruição de toda a vida no planeta, de uma tecnologia limpa e preservadora, de políticas locais, regionais e mundiais de controle do desenvolvimento.

A ecologia tem ido mais longe. Tornou-se um verdadeiro movimento religioso, defendendo a criação de uma relação sagrada com o cosmo. Já não em nome de uma sacralidade pagã tradicional. Esta refletia a ignorância dos fenômenos astronômicos, atribuindo aos deuses o que não passava de leis naturais. Fundava-se ainda na incapacidade do ser humano de transformar a natureza, que lhe resistia às empreitadas e surgia diante dele como uma força divina indomável.

A modernidade inverteu a consciência para bem e para mal. Para bem, produzindo enorme desenvolvimento tecnológico e um domínio necessário da natureza para a sobrevivência de uma humanidade de bilhões de habitantes. Para mal, tratando as coisas naturais como mero objeto do absoluto domínio, usufruto e exploração da ganância industrial. Em reação a essa face negativa do senhorio humano sobre a natureza brota uma nova consciência ecológica, que se diz religiosa e reconhece a profunda sacralidade no coração das coisas. A tradição oriental, que invade o Ocidente, trouxe expressiva contribuição para isso. Entra em cena a mística cósmica, que é uma expressão da fé religiosa que vem se difundindo. As coisas, os animais, as cenas da natureza, os píncaros da montanha, a imensidão do mar, o infinito das praias começam a sair do âmbito fechado do turismo, do comércio, do lucro, para migrar para o espaço da espiritualidade, da gratuidade, da contemplação.

Trava-se então uma forte luta entre a fé religiosa cósmica e a apropriação capitalista da natureza. No nível estritamente religioso, ela assume papel profético e crítico na sociedade. Isso explica o crescimento em nosso meio do budismo, da mística islâmica e de outras formas sacrais cósmicas, como o Santo Daime e a União do Vegetal. Há uma sede de fé religiosa no meio do desgaste psico-humano provocado pela sociedade e cultura modernas. A Nova Era traduz muito dessa fé religiosa atual.

Paradoxalmente — o fenômeno de secularização, a autonomia absoluta da natureza, o modelo de desenvolvimento industrial do Ocidente impedem a fé religiosa, de um lado, e provocam-na, de outro. Secularização e explosão religiosa crescem simultaneamente em tensão. Anuncia-se um novo paradigma cultural que tem raízes na mecânica quântica, em outras manifestações científicas e nas exigências da subjetividade pós-moderna. Consiste na valorização das dimensões afetivas e religiosas, até então desprezadas pelo modelo tecnocientífico da modernidade. O império da razão objetiva, analítica, masculina, logocêntrica, instrumental, que estabelece as metas e organiza os meios para sua obtenção de modo eficiente, competente e lucrativo, cede espaço para a inteligência emocional, para a razão substantiva, intuitiva, experiencial, participativa, dialógica, inclusiva, sinfônica e feminina. Essa razão privilegia o simbólico em vez do puramente conceitual.

Por esse motivo a fé religiosa está sintonizada com essa virada da razão. O próprio Heisenberg confessava não se sentir bem diante da separação entre razão e fé, e duvidava que as comunidades humanas pudessem sobreviver, com o correr do tempo, à aguda divisão entre ciência e fé. Não passou tanto tempo assim e eis que os humanos voltam de novo à fé religiosa em reação ao cientificismo dominante, à tecnocracia fria, à forma ocidental de dominação do mundo. Eles estão prestes a criar uma cosmovisão holística, ecológica, espiritual, estabelecendo "nova aliança" com a Terra.

Fé religiosa de corte psicológico. Outra vertente religiosa mistura-se com traços da psicologia humanista transpessoal, de auto-realização. Prefere-se o termo espiritualidade em vez de fé. Essa escolha já indicava uma diluição de seu caráter. É uma espiritualidade global, que toca a piedade e religiosidade de traços matriarcais, da qual a Nova Era é a melhor expressão. O acesso ao divino se faz no interior de cada pessoa e não por meio das realidades objetivas que as religiões tradicionais oferecem: dogmas, sacramentos e ritos institucionalizados. É uma experiência de interioridade, intuitiva, contemplativa, do ser que transcende o fazer no interior do ser. Aí está a presença divina, não necessariamente da pessoa de Deus. Não estamos ainda na fé teologal, mas simplesmente na religiosa. "Faze vinte minutos de meditação sobre o oceano do Ser, que está no teu profundo, de manhã e de tarde, e adere, pois, à religião em que crês. Em todo caso, serás transformado." Outro texto dessa mesma linha espiritual insiste: "Senti pela primeira vez a alegria da liberdade, porque ao descobrir, ao experimentar que Deus habita em mim e que de certa forma Ele e eu somos um, soube que em mim mesmo estava a fonte de todo o conhecimento, em mim estavam todas as verdades, não mais nos livros, não mais em mestres externos, já não mais. Assim nasci para uma vida nova."

O Si é o próprio divino que está em cada um. Cabe escutar-se a si mesmo, o próprio Si, em cada momento da vida. A psicologia encontra-se com a mística oriental, daí a influência de religiões não monoteístas, mas de um teísmo amplo. Há relação profunda entre o crescimento psicológico pessoal e o crescimento espiritual. A fé religiosa insere-se na tendência de aprimoramento interior do eu, e trabalha com técnicas que favorecem a ampliação do espaço da consciência até o êxtase. Não raro, recorre-se a técnicas zen, hipnose, danças, yoga, mantras, gestos e posições corporais com tomada de consciência mais clara do próprio corpo, a captação de energia telúrica até ao uso de drogas que propiciem interiorização e mergulho na interioridade. É um continente religioso que se abre aos mais variados exercícios. A fé religiosa identifica-se antes com um sentimento religioso, vago, sem contornos, que responde à necessidade afetiva pessoal de ligar-se a um mistério. Existe no ser humano um desejo de harmonia maior, de aspiração fusional, nem que seja com o mistério escondido dentro de si — embora guarde um mínimo de alteridade. A fé religiosa é de tendência monista, isto é, de uma concepção do mundo pensada como uma grande e única realidade. Somos parcela dessa realidade, por isso a encontramos em nós mesmos. Rompe-se qualquer dualidade de criatura e criador, ser finito e infinito. Somos todos um só.

Essa fé situa-se no lado oposto da racionalidade moderna, que consideraria essas reflexões como puro mito, fantasmagorias, projeções inconsistentes da subjetividade não reconciliada consigo. A psicanálise, levada ao extremo nos seus princípios filosóficos ateus e secularizantes, trataria tais fenômenos sob o rótulo de patologia. A fé religiosa cresce à medida que a ciência objetiva, empírica e racionalista cede espaço ao novo paradigma científico que aponta para uma comunhão profunda entre princípios científicos e religiosos, como o faz Ilya Prigogine em sua obra o *Tao e a Física*.

A fé religiosa respira a sacralidade do mundo e da interioridade subjetiva, enquanto a modernidade, na perspectiva de Max Weber, com o processo de racionalização do campo religioso, desencantou o mundo. "Não há forças misteriosas incalculáveis, ... podemos, em princípio, dominar todas as coisas pelo cálculo. Isso significa que o mundo foi desencantado." A fé religiosa vive do encantamento do cosmo.

Conclusão. A fé religiosa ancora-se na psicologia das pessoas. Ela tem atraído estudos que lhe desvendam o processo evolutivo em articulação com as fases da vida humana. Os extremos da vida humana são sensíveis à fé religiosa: as crianças e os anciãos aproximam-se do mistério; no entanto, a partir da adolescência e especialmente na idade adulta, facilmente as pessoas se afastam da dimensão religiosa da vida.

A fé religiosa, em várias de suas expressões, aponta para um mistério pessoal. Passemos, então, à fé teologal.

Fé teologal

A fé teologal implica outro horizonte de compreensão — significa que se dirige explicitamente a um Deus pessoal; na etimologia do termo teologal está *théos*, Deus. Ela existe explicitamente nas três religiões monoteístas — judaísmo, islamismo e cristianismo — e as três afirmam existir dois elementos fundamentais para ela. Existe um Deus pessoal, que se revelou interpelando o ser humano a uma acolhida dessa revelação. Essa é uma proposta de Deus, porque está *posta* diante (*pro*) do ser humano, uma palavra de Deus. Cabe ao ser humano dar de volta (*posta*) algo que seja real (*res*). Fé é, portanto, a "res-posta" a uma "pro-posta".

A fé teologal supõe que Deus se autocomunica pessoalmente a uma humanidade criada aberta para tal acolhida. Fé teologal é um diálogo entre Deus e a criatura, não simplesmente com um mistério por meio do cosmo e do eu (fé religiosa), e menos ainda com uma orientação de vida pela aceitação de um testemunho humano (fé antropológica), mas sim com a pessoa de Deus que se manifesta por meio de palavras. Não se crê naqueles que transmitem tais palavras — os profetas —, mas no Deus a que eles se referem como fonte da palavra.

Fé judaica. O judaísmo é a religião monoteísta mais antiga. A fé monoteísta do povo judeu, negando qualquer outra realidade como divina, consolida-se após o cativeiro da Babilônia no século VI antes de Cristo. Os judeus lentamente foram ampliando a experiência do Deus que esteve na origem da vocação de Abraão e dos pais do povo. Esse Deus os libertou do Egito, com ele fizeram a Aliança no Sinai, conduziu-os à Terra Prometida para além do rio Jordão, dirigiu-os por meio de juízes e reis e por fim trouxe-os de volta da Babilônia. Passaram do Deus de um clã, de um povo, para o único e verdadeiro Deus criador dos céus e da terra, e senhor de todos os povos, instaurando o monoteísmo absoluto.

A confissão de fé, o *shemá*, tirado do livro do Êxodo, resume a fé israelita. "Ouve, Israel! O Senhor nosso Deus é um só. Amarás o Senhor teu Deus, com todo o coração, com toda a alma, com todas as forças e trarás bem dentro do coração todas estas palavras que hoje te digo" (Deuteronômio, 6, 4-6). O judeu piedoso até hoje recita o *shemá* duas vezes ao dia. É conservado em pequenas caixas presas a tiras de couro, ou filactérios, que se amarram ao braço esquerdo e na fronte para que a Lei esteja bem perto do coração e na mente de todo israelita.

Na bênção do sábado, o judeu reza: "Bendito sejas, Adonai, Deus de Abraão, Deus de Isaac e Deus de Jacó; Deus altíssimo, criador do céu e da terra, nosso escudo e escudo de nossos pais, nossa confiança de geração em geração. Bendito sejas. Adonai, escudo de Abraão!"

A fé monoteísta judaica evita até mesmo pronunciar o nome de Deus, usando um circunlóquio, tal é o respeito pela dignidade, grandeza e unicidade de Deus. Os profetas usam freqüentemente a metáfora matrimonial para exprimir a aliança entre o povo e Deus. E o pecado de cultuar os falsos deuses recebe o nome de prostituição, porque rompe a aliança sagrada.

A fé monoteísta judaica afirma a absoluta fidelidade de Javé diante das repetidas infidelidades do povo. Os seus sofrimentos são interpretados como interpelações de Deus para que o povo se converta a Ele de seus pecados.

O decálogo aparece sob duas formas no livro do Êxodo (20: 1-17) e no do Deuteronômio (5: 1-22). Dentro de simbologia belíssima, os mandamentos estavam escritos, de ambos os lados, em duas tábuas. "Eram obra de Deus e a escrita era escrita de Deus, gravada sobre as tábuas" (Êxodo 32: 15-16). E o conteúdo afirmava redundantemente a unicidade de Deus e a obrigação do judeu de adorá-lo só a ele e a nenhum outro deus. Proibia expressamente esculpir imagens e prostrar-se diante delas. Daí a gravidade do pecado da confecção e adoração do Bezerro de Ouro, que levou Moisés, num gesto de furor, a quebrar as Tábuas da Lei (Êxodo 32).

A religião, a ética, os ritos, todo o conjunto do judaísmo centram-se na verdade da unicidade absoluta de Deus. A Bíblia judaica contém a verdade da revelação de Deus. "Bíblia" vem do termo grego *biblos* que significa "livro", para indicar que ela é o livro por excelência, o livro sagrado. É a palavra de Deus. Várias vezes os profetas repetem o refrão: "Oráculos de Javé", e assim transmitem-nos. Em torno das Escrituras, criaram-se mitos de que eram um ditado do próprio Deus. Cada palavra tornava-se, por isso mesmo, intangível e não sujeita a juízo dos humanos. Os judeus reconhecem na Bíblia unicamente os livros escritos em hebraico, cujo cânone se fixou depois da queda de Jerusalém. Houve uma tradução para o grego, chamada de *Setenta*, mais conhecida como a Septuaginta. A Bíblia católica admite também como canônicos os livros escritos originalmente em grego: Judite, Tobias, 1 e 2 Macabeus, Sabedoria, Eclesiástico e Baruc.

A fé teologal judaica é histórica. Crê em Deus, não a partir de uma consideração abstrata e metafísica Dele, mas de sua ação na história e da experiência de povo. Este entende ser chamado por Deus, libertado por Ele da opressão egípcia para a Terra Prometida da liberdade, em aliança de fidelidade selada com o sangue no deserto, seguido e amado por Deus ao longo de toda sua história. É a fé no Deus dos pais, da nação, da eleição, da aliança. Tudo realizado por grandes gestas históricas atribuídas a Javé.

É uma fé na palavra de Deus que os profetas, grandes e pequenos, transmitem, admoestando o povo sobre sua conduta. As profecias são a palavra de Deus esclarecendo o presente e interpelando o povo para assumir uma atitude em consonância com a tradição da fé monoteísta. A realidade social e política era lida à luz de Deus. Assim esclarecida, era vivida pelo povo, ora em fidelidade, ora em rebelião. Em todas essas situações, o que acontecia era interpretado teologicamente. É uma fé onipresente, que ilumina toda a vida do povo.

A fé vivida mais comunitariamente que individualmente, tal era a consciência da imbricação de Deus com o povo de Israel. Deus era cultuado no cotidiano, na oração, nos ritos, nos sacrifícios, nas batalhas. A fé judaica tem belíssima tradição de oração, consubstanciada especialmente nos Salmos. São 150 salmos que refletem as situações existenciais do povo e dos indivíduos, rezadas diante de Deus. A maioria são salmos de louvor a Deus pelas suas obras maravilhosas na natureza e na história. "Senhor, nosso soberano, como é grandioso teu nome em toda a terra e tua majestade, que se celebra acima dos céus" (Salmos 8: 1). "Os céus proclamam a glória de Deus e o firmamento apregoa a obra de suas mãos" (19 (18): 2). "Vinde ver as obras de Deus, suas prodigiosas façanhas em favor dos filhos dos homens! Ele transformou o mar em terra firme, a pé enxuto atravessaram o rio: alegremo-nos com ele!" (66 (65): 5-6).

Outros são cânticos de ação de graças. "É bom dar graças ao Senhor e entoar um hino ao teu nome, ó Altíssimo, proclamar de manhã teu amor e tua fidelidade durante a noite, ... porque tuas ações, Senhor, são minha alegria, são meu júbilo as obras de tuas mãos" (92 (91): 2-3,5).

Outros refletem situações de angústia, de súplica e de lamentações na penúria, no sofrimento e na desolação. "Das profundezas clamo a ti, Senhor: Senhor, escuta minha voz, estejam atentos teus ouvidos à voz de minha súplica" (130 (129): 1-2).

E há salmos que são caminhos de sabedoria. O judeu reza suas experiências e é muito comum ele elevar a Deus sua oração, quando percebe a contradição da sua existência sofrida e dedicada a Ele, enquanto o ímpio parece triunfar. Na oração, ele se entrega aos mistérios insondáveis de Deus. "Não te exasperes por causa dos ímpios, não invejes os malfeitores, pois murcharão tão depressa como o feno e secarão como a relva verde." (37 (36): 1) "Confia teu caminho ao Senhor e nele espera! Ele atuará, ele fará surgir tua justiça como a aurora e teu direito como o meio-dia." (37 (36): 55) Esse estribilho volta inúmeras vezes.

A fé judaica é profundamente ética. Fé em Deus implica cuidado da viúva, do órfão, do estrangeiro, símbolos do pobre daquela época. O profeta Isaías exprime tal relação de modo dramático, e diz que Deus rejeita os sacrifícios, porque o povo pratica a injustiça. "Que me importa a abundância de vossos sacrifícios? — diz o Senhor. Estou farto de holocaustos de carneiros e de gordura de animais cevados; do sangue de touros, de cordeiros e de bodes, não me agrado" (Isaías 1: 11). E continua: "Aprendei a fazer o bem! Procurai o direito, corrigi o opressor. Julgai a causa do órfão, defendei a viúva" (1: 17).

Da fé teologal de Israel não vale nenhuma crítica de alienação, de espiritualismo individualista, pois ela é fé libertadora, fé comunitária, fé social, que toca o cotidiano das pessoas e da sociedade.

É um monoteísmo tão exigente que tornará difícil para os judeus aceitarem a fé cristã na Trindade. Por isso, distinguiremos a fé teologal da fé cristã: a fé cristã é teologal, mas nem toda fé teologal é cristã.

Fé islâmica. O islamismo participa da mesma unicidade de Deus. Seu livro sagrado chama-se Corão, ou Alcorão — com o artigo árabe. Significa "o que deve ser lido". Esse livro contém as revelações de Deus — Alá — a seu profeta Mohammad, ou Maomé (570-632), enunciando verdades religiosas, normas civis e sociais para a vida dos muçulmanos. Elas ab-rogam as anteriores — judaicas e cristãs — num duplo movimento de conservar muitos de seus elementos e de acrescentar outros numa perspectiva de retificação e aperfeiçoamento. Maomé é o maior dos profetas. Todos os outros, inclusive Jesus, são inferiores e só valem sendo ratificados por Maomé.

É uma religião que acentua fortemente a fé em Alá, o único, transcendente e verdadeiro Deus, e do qual as criaturas são dependentes. Na própria raiz de "Islã" — muslim — está a idéia daquele que se submete a Deus, que se entrega a Ele, especialmente pela observância da lei revelada e escrita no Corão. As palavras nele consignadas são consideradas ditado de Deus, sobrenatural, que Maomé, o profeta inspirado, transcreveu. É a revelação divina que desce em forma de livro.

A fé teologal islâmica caiu sob suspeita por causa do terrorismo árabe, principalmente depois de 11 de setembro de 2001 com a destruição das torres gêmeas de Nova York. Confundir a fé teologal islâmica com o extremismo fundamentalista é um reducionismo imperdoável. Fanatismo e fundamentalismo existem em todas as religiões, ideologias e grupos fechados doutrinários.

As orações e os místicos islâmicos revelam elevada espiritualidade teologal. Na oração dos nomes de Deus, o centésimo é deixado em branco, para mostrar que ele é misterioso, incognoscível. A ordem dos nomes começa com o refrão: "Alá é Deus. Não há outro Deus além dele. É o Clemente, o Misericordioso, o Rei, o Santo, a Paz." E assim por diante. Só essa simples recitação mostra a força dessa fé teologal que alimenta o muçulmano.

A mística islâmica retrata-nos uma fé de alcance e beleza singulares e amor desinteressado. "Ó meu Deus! Se te adorei por medo do inferno, queima-me em seu fogo. Se te adorei pela esperança do paraíso, priva-me dele. Mas se te adorei unicamente por Ti, não me prives da contemplação do Teu rosto" (Râbi'a). "Teu amor chegou a meu coração e partiu feliz. Depois retornou e se envolveu como hábito do amor, mas retirou-se novamente. Timidamente, eu lhe disse: 'Permanece dois ou três dias!' Então veio, assentou-se junto a mim e esqueceu-se de partir." (Rûmî)

A fé islâmica funda-se em cinco pilares: o credo, a oração, a caridade, o jejum e a peregrinação. Elementos muito simples e facilmente assimiláveis pelo povo, daí sua ampla e rápida divulgação: não tem a sofisticação da fé judaica ou cristã.

O credo resume-se na afirmação da grandeza e unicidade de Alá (Deus) e de seu profeta Maomé. O muçulmano piedoso repete cinco vezes por dia, em horários fixos, e proclama do alto dos minaretes, torres das mesquitas, seja por voz humana, seja hoje por fita gravada, nas horas de oração: "Alá é grande, não há outro Deus senão Alá e Maomé é seu profeta. Vinde para a oração, vinde para a salvação, Alá é Grande, não há outro Deus senão Alá."

A oração impregna a vida do muçulmano desde a pequena infância até o final se sua vida. O fiel deve viver ritualmente puro e, quando se torna impuro, purifica-se banhando o corpo por água corrente ou lavando as mãos e o rosto. As orações acompanham-se de palavras e gestos bem definidos e fórmulas fixas.

Faz parte da vivência da fé a prática da caridade e da esmola por meio de uma taxa imposta aos ricos em benefício dos pobres. A fé islâmica também é alimentada, além da oração, pelos jejuns. O mais expressivo é feito durante o Ramadã, o nono mês do ano lunar.

Finalmente, outro pilar do islamismo é a peregrinação a Meca,que deve ser feita uma vez pelo menos na vida se o fiel tiver recursos para tanto. Lá se encontra o santuário sagrado mais antigo do islã, a Caaba, que simbolicamente indica o centro do mundo. As mesquitas e as orações são feitas voltadas para lá, e os mortos também são enterrados nessa mesma direção.

Falar da fé islâmica necessariamente levanta a questão da guerra santa — o *jihad*. Deixando de lado os inícios belicosos e a expansão do islã em outros tempos, examinemos o significado da guerra santa hoje. O termo *jihad* significa "esforço para o aperfeiçoamento espiritual", que se ampliou para o de "combate no caminho de Deus" contra os pagãos e dissidentes. A promessa do paraíso para os que morrem pela fé aumenta o fervor nessa luta. Na surata II do Alcorão lê-se: "Combatei nos caminhos de Deus, mas não sejais os agressores (transgressores). Deus não ama os agressores. Matai-os onde os encontrardes e expulsai-os de onde eles vos expulsaram." Trata-se, antes de tudo, de guerra defensiva. O texto permite interpretações mais ou menos belicosas. A fé islâmica não é necessariamente guerreira, mas facilmente envereda por essa trilha, quando alimentada e animada por complicadores políticos.

Conclusão. Embora a fé islâmica seja historicamente posterior ao cristianismo, ela partilha com o judaísmo a unicidade absoluta de Deus, não aceitando outras pessoas em Deus. O cristianismo continua e rompe com esta tradição.

Fé cristã

Expressão dos credos. O núcleo da fé cristã, em termos de ensinamento, consubstanciou-se, desde seu início, em formulações solenes: os credos. No próprio Novo Testamento já se encontram breves menções da fé trinitária. Uma das mais conhecidas tornou-se saudação inicial nas liturgias católicas. "A graça de nosso Senhor Jesus Cristo, o amor do Pai e a comunhão do Espírito Santo estejam convosco!" (2 Cor 13: 13). A sua estrutura é trinitária, partindo da especificidade cristã — a graça de Jesus Cristo — para em seguida mencionar o Pai e o Espírito Santo. Na fórmula niceno-constantinopolitana reza-se: *Credo in unum Deum, Patrem omnipotentem* ("Creio em um só Deus, Pai todo-poderoso"). Aí a fé cristã comunga absolutamente com a fé judaica e islâmica. O credo continua afirmando: *et in unum Dominum Jesum Christum, Filium Dei unigenitum* ("Creio em um só Senhor, Jesus Cristo, Filho unigênito de Deus"). E a terceira expressão radical da fé diz: *Et in Spiritum Sanctum, Dominum et vivificantem* ("Creio no Espírito Santo, Senhor que dá a vida"). Este é o cerne da fé cristã, que a distingue de toda outra crença.

Essa fé firmou-se desde seus primórdios em contraposição ao politeísmo pagão, afirma um só ser, uma só natureza, uma só essência, uma só substância divina. A unidade de Deus estava no ser e na essência. Em ruptura com o monoteísmo unipessoal do judaísmo, o cristianismo afirmou a divindade de Jesus Cristo e a do Espírito nos grandes concílios — Nicéia, em 325, e Constantinopla, em 381. No século IV, fixou-se, com clareza, a tripessoalidade de Deus na sua unidade essencial, e os esforços teológicos encaminharam-se em explicar o paradoxo de uma natureza e três pessoas. A fé cristã é, por conseguinte, teologal, mas compreende Deus como pai de Jesus e como doador do Espírito Santo, sendo, portanto, teologal trinitária.

A figura de Jesus Cristo. A fé cristã, em sua trajetória atual, prefere ater-se mais à linguagem e à maneira do Novo Testamento de anunciar essa verdade fundamental, sem enveredar tanto pelas especulações de corte grego. O foco da questão é Jesus Cristo, e a partir de sua pregação, prática e pessoa compreende-se a Deus. Inverte-se a ordem. Antes se fazia uma idéia especulativa de Deus com a contribuição da filosofia grega e aplicava-se a Jesus Cristo tudo o que se dizia de Deus, resolvendo-se especulativamente as dificuldades que tal atribuição provocasse. De Deus se diz que é imortal, infinito, impassível. Ao se constatar que Jesus sofrera, mostrara-se limitado, mortal, passou-se a se distinguir nele a pessoa divina e a natureza humana — enquanto Deus era infinito, imortal e impassível, o homem era mortal, finito e passível. Esse tipo de reflexão já não responde à sensibilidade atual e aos avanços dos estudos bíblicos.

É o Jesus histórico, dos Evangelhos, que permite que avancemos na compreensão de Deus. Inspirado no verso de Fernando Pessoa — "E a criança tão humana que é divina" —, Leonardo Boff resume magistralmente essa linha evangélica da consideração de Deus a partir do Jesus histórico: "Tão humano assim, só pode ser Deus mesmo." A centralidade da fé em Jesus tem renovado a fé cristã, mas trouxe dificuldades para o diálogo com as outras religiões monoteístas e tradições religiosas.

Os mistérios cristãos. Ao afirmar-se como fé cristológica, a fé cristã assume os mistérios que envolvem a pessoa de Jesus. Aqui estão suas maiores riquezas, dando-lhe um acentuado caráter histórico e ético. Cada mistério central da vida de Jesus impregna os traços da fé.

O primeiro mistério cristão é a pessoa de Deus anunciada por Jesus Cristo por meio de palavras, gestos e práticas. Ele prega fundamentalmente não a si, mas o Reino de Deus e o Deus do Reino. Quem é esse Deus? Ele é o mistério insondável que só o Filho conhece e aquele a quem o quiser revelar. E o Filho o revela numa profunda experiência de filiação, como seu Pai e de toda a humanidade. O ponto alto dessa revelação é a parábola do Pai misericordioso — retrato de Deus Pai — que acolhe num abraço de infinita ternura o filho mais jovem que se perdera no mundo (Lucas 15: 11-32). No Sermão da Montanha, Jesus, ao descrever os pobres de coração, os mansos, os que choram, os que têm fome e sede de justiça, os misericordiosos, os puros de coração, os que agem em prol da guidos por causa da justiça e da fé, como ...o participantes do Reino, ultrapassa, com tal ...nto, qualquer moral. Suas palavras refletem o coração de Deus e suas predileções pelos menores d... ...ando, os excluídos. Mais: a pessoa de Jesus no trato com os pecadores e excluídos, com as más companhias de seu tempo, confirma os ensinamentos sobre o Deus da misericórdia e do perdão.

O mistério da Encarnação situa o cristão no coração da realidade humana, histórica, dando-lhe a percepção da presença da transcendência. Comunica-lhe uma esperança inquebrantável na vitória da graça e do bem sobre o pecado e o mal, impedindo-lhe também de aderir a qualquer tipo de maniqueísmo ou dualismo espiritualista e afirmando a profunda articulação entre as realidades históricas imanentes e a presença do mistério absoluto de Deus. O Filho de Deus feito carne, feito história, desloca o pólo do sagrado para toda a realidade humana na medida em que ela se deixa redimir de seu lado de pecado, de fechamento no egoísmo e se abre ao outro, ao irmão. Então o cristão penetra no conhecimento de Jesus, seguindo-o e testemunhando-o na vida concreta por meio do amor aos menores da história, comprometendo-se com sua libertação. E foi essa dimensão do cristianismo que permitiu que de dentro dele nascessem tantos movimentos de libertação. É de se estranhar que o cristianismo tenha feito aliança com as classes dominantes durante séculos, já que sua exigência fundamental vai na linha oposta. Contudo, as vinculações com os poderosos se justificavam como o melhor meio de ajudar os pobres, visto que fora dessa perspectiva, dificilmente se conseguiria encontrar uma justificativa cristã. A mudança mais recente de posição veio da demonstração histórica de que tais alianças apenas mantiveram a situação de pobreza, não lhe trazendo solução. Ao mesmo tempo que se deu uma ruptura com a posição tradicional assistencialista, assumiu-se uma perspectiva promocional libertadora.

O mistério pascal lança luz maravilhosa sobre a realidade de morte e vida, que nos envolve. Ele nos fornece um sentido último para o sofrimento humano e para todo mal presente na história ao revelar a solidariedade da Trindade com os injustiçados e ao anunciar a vitória definitiva da vida sobre todo mal, dor e morte. A Trindade está ao lado dos crucificados, como esteve ao lado do maior deles, Jesus, compadecendo com ele e devolvendo-o à vida pela ressurreição.

A dimensão escatológica da fé cristã conjuga o compromisso presente com a certeza da realidade para além da história num duplo movimento de continuidade e novidade. Funda-se na esperança e na certeza da realização das promessas de Deus, sempre fiel, já antecipadas na ressurreição de seu filho Jesus e que implicam nossa colaboração e responsabilidade histórica. Essa dimensão esclarece a relação morte-vida.

Pentecostes fala-nos da presença do espírito em todas as pessoas, religiões e realidades humanas, mas não da mesma maneira. Leva-nos ao discernimento entre as realidades que configuram o Reino de Deus, que devem ser assumidas e levadas adiante, e aquelas que assinalam a presença do anti-Reino, que devem ser convertidas. A pessoa, as palavras, a prática de Jesus são o critério último de discernimento a ser feito à luz do Espírito Santo.

Há um consenso de que a fé cristã está na origem de grandes valores do Ocidente que se configuraram na Carta dos Direitos Humanos da ONU. Se comparamos com o ideal grego de humanidade e de valorização da pessoa bela e boa — *kalos kai agathos* —, o cristianismo reconhece e restitui dignidade aos pobres, aos aleijados, aos desprovidos de beleza e até mesmo de bondade. É uma revolução na própria concepção de ser humano.

Conclusão. Em princípio, todos os cristãos comungam nesse conjunto de fé. As igrejas cristãs distinguem-se quando interpretam o nível cristão para dentro de sua própria confissão de fé. Entramos então no campo da fé eclesial.

Fé eclesial

Fé vivida em comunidade. O cristianismo foi compreendido, desde sua aurora, como um anúncio de salvação a ser comunicado ao mundo inteiro. E essa salvação vincula-se à memória operativa de Jesus pela força do Espírito Santo. Tal anúncio e realização não são uma realidade a ser vivida exclusivamente na singularidade das pessoas. Os cristãos perceberam nos ensinamentos, na conduta e, sobretudo, na ceia de despedida de Jesus e na experiência do Espírito no evento da ressurreição, a intenção e a vontade do próprio

Jesus de que se constituíssem comunidades, igrejas locais em comunhão entre si.

Esse dado primigênio vem sendo vivido pelos cristãos, que se organizaram em igrejas: é a chamada fé eclesial. Ela explicita na Igreja a maneira de viver a fé cristã. Não é diferente da fé cristã, mas confere a ela uma concretização que traz conseqüências para a compreensão da própria doutrina e para a vivência efetiva. Seu elemento fundamental é a dimensão comunitária da fé.

Três elementos sobressaem pela importância: a palavra, os ritos (sacramentais) e a organização. E as Igrejas cristãs irão se dividir por conta deles, criando tradições diferentes que produzem conseqüências dogmáticas e práticas.

A tradição evangélica da Palavra. A tradição protestante das Igrejas da Reforma e das que delas dependem, privilegiam o papel da palavra e do seu respectivo ministério. A organização dos pastores e fiéis gira em torno da palavra, de sua pregação, leitura, meditação e prática. E essa palavra é a Sagrada Escritura, que contém o Antigo e o Novo Testamento. Há pequena divergência no reconhecimento da autenticidade e canonicidade dos livros. A lista elaborada pelos protestantes reformadores não inclui os livros chamados deuterocanônicos. Já a Bíblia católica contém também os deuterocanônicos e os considera autêntica palavra de Deus.

O Vaticano II e a importância da Palavra. A importância da Sagrada Escritura, depois das polêmicas da época da Reforma (séc. XVI), diferenciou as duas tradições protestante e católica. À medida que crescia no mundo protestante, caía sob suspeita no universo católico, havendo até proibições de católicos leigos lerem diretamente a Bíblia, sem a vigilância do clero. Por efeito do espírito ecumênico, que se vem desenvolvendo entre as Igrejas, a Igreja católica reconhece oficial e publicamente no Concílio Vaticano II a absoluta relevância da palavra da Escritura à qual o magistério e a teologia estão a serviço — ela é alma de toda teologia. Os estudos exegéticos aproximaram as interpretações de ambas as tradições de modo que as divergências são antes acadêmicas que dogmáticas.

Atualmente a tradição católica cultiva com igual esmero o estudo, a leitura, a meditação e a força teológica da Sagrada Escritura. O Concílio Vaticano II ensina expressamente que "é preciso que o acesso à Sagrada Escritura seja amplamente aberto aos fiéis" (*Dei Verbum*, n.22). No entanto, permanece a divergência quanto ao papel oficial interpretativo. A tradição evangélica deixa maior espaço às interpretações dos indivíduos. A expressão protestante "*sola scriptura*" — "exclusivamente pela Escritura" — conserva esse caráter de autonomia do leitor. A Igreja católica continua reafirmando o caráter de autenticidade do ensinamento do magistério eclesiástico como última instância de juízo, embora subordinada à Escritura.

Fé eclesial sacramental. A fé eclesial católica reivindica como elemento fundamental da fé cristã a vivência especialmente dos sacramentos de iniciação e da Eucaristia. Várias tradições protestantes conservam os sacramentos, mas não no mesmo número e relevância que a Igreja católica. Na fé católica, elas são *protestationes fidei* — profissões, protestações da fé — na expressão de santo Tomás. O católico professa diante da comunidade sua fé ao receber os sacramentos, e estes pertencem à própria constituição da fé eclesial.

Santo Tomás relaciona-os com os mistérios da vida de Jesus num tríplice movimento, daí sua conexão direta e imediata com a fé cristã. O sacramento é um sinal rememorativo do que o precede, isto é, a Paixão de Cristo; é demonstrativo do que se realiza em nós pela Paixão de Cristo, a graça; é prognóstico, isto é, prenunciador da glória futura — o céu.

Pelo Batismo se faz a primeira proclamação pública da fé cristã. Se o batizando é criança, a comunidade a substitui no ato de fé, preparando-a para fazê-lo quando atingir o uso da razão. Se adulto, professa a fé cristã diante da comunidade, antes de ser batizado. Na prática atual, ao se atingir a adolescência ou juventude, propõe-se outro momento solene de proclamação da fé no sacramento da Crisma — ato associado a uma nova infusão do Espírito Santo com vistas a fortalecer a fé.

A fé do cristão conhece quedas, falhas, pecados, mas basta ele voltar-se para Deus, que é todo misericórdia e bondade, para ser perdoado. A Igreja, no entanto, oferece uma mediação visível, sacramental para a reconciliação. O pecado não só rompe a paz com Ele, mas também com a comunidade. O sacramento da penitência reconcilia o pecador com a Igreja e com Deus. Depois de décadas de desgaste desse sacramento por razões de rotina, de formalismo e da secularização da realidade do pecado por influência da psicologia profunda, as pessoas voltam a procurá-lo como momento privilegiado de graça. Por ele se alcança um perdão que nenhuma psicologia confere e que nós mesmos não conseguimos obtê-lo em relação às nossas culpas. O dom sacramental refaz-nos por dentro, reconstruindo-nos perante nós mesmos, a comunidade e Deus.

O sacramento por excelência da fé eclesial é a Eucaristia. A Eucaristia faz a Igreja, a Igreja faz a Eucaristia. No ato de celebrar a memória de Jesus, os fiéis invocam, sob a presidência do celebrante, duas vezes o Espírito Santo. Numa primeiro momento, pedem que Ele transforme o pão e o vinho no corpo e no sangue de Jesus Cristo — é a Igreja que faz a Eucaristia. Como comunidade de fé, unida em torno do altar, onde se encontram as oblatas, ela realiza esse sacramento maior. Num segundo momento, depois da primeira invocação do Espírito Santo sobre o pão e o vinho e da lembrança do que Jesus fez na Última Ceia, tomando, abençoando e transformando o pão e vinho em seu corpo e sangue, a Igreja invoca uma segunda vez o Espírito Santo. Pede-lhe que faça dos fiéis ali presentes pela força do corpo e sangue de Cristo uma só comunidade — é a Eucaristia que faz a Igreja. E a fé eclesial vai mais longe e diz que esse momento é a essência da celebração. A primeira invocação e a presença real de Cristo estão aí para que os cristãos, alimentando-se delas, sejam um só corpo.

A fé eclesial é essencialmente eucarística. A comunidade de fé tem a força de fazer-se presente ao mistério de Cristo e de fazer esse mistério presente a ela em nome do mandato do Senhor: "Fazei isto em minha memória."

Essa fé exprime a vida comum do fiel de modo sacramental em dois momentos especiais. A realidade do amor de um homem e de uma mulher, que se engajam matrimonialmente, recebe a marca da graça sacramental. Ela eleva o mistério do amor humano ao nível de expressão da doação de Cristo à sua Igreja, tal é a grandeza desse amor sacramental. E na situação de fraqueza e doença, a fé eclesial vem em socorro do cristão com a unção sagrada dos enfermos.

Fé eclesial e organização da Igreja. A fé eclesial realiza-se necessariamente em comunidade, a qual exige organização, variedade de carismas, dons e ministérios. Há uma graça para o ministério da coordenação da Igreja nos três níveis de serviço a todas as igrejas (ministério do Papa), a uma determinada igreja particular (ministério do bispo) e a uma parcela dela (ministério do presbítero). E no interior de cada comunidade, multiplicam-se outros ministérios ordenados de diaconia e não ordenados de diversos serviços. A comunidade é o povo de Deus para o qual os ministérios existem.

O fundamental para a fé eclesial é a comunidade que tem uma igualdade básica pela força do batismo. Todos são corresponsáveis pela existência dessa comunidade. Além do cuidado com a vida interna, a Igreja volta-se para fora de si em ação missionária, levando a mensagem de Cristo a todas as partes, assumindo na integralidade a fé cristã a fim de anunciar e atualizar o Reino de Deus no coração da história. Ela percebe que a ação do Reino é maior do que ela e por isso se põe a seu serviço. A Igreja tem consciência de ser uma porção escolhida desse Reino, não para si, não como privilégio, mas como responsabilidade em relação à humanidade. E tal vocação os cristãos percebem como Igreja, e não como simples indivíduos. Todos os que se lançam na tarefa missionária o fazem em nome da Igreja e em comunhão com ela. Ao longo da história, a fé eclesial desenvolveu gigantesca epopéia missionária. Apesar de muitos erros e pecados, foi o que possibilitou a mensagem de Jesus Cristo atingir todos os rincões do mundo. E o nosso continente se fez cristão por obra da vocação missionária da Igreja católica, em primeiro lugar, e depois por meio da presença de outras denominações evangélicas.

No entanto, a fé eclesial não traz poucos problemas para os fiéis. Enquanto a fé antropológica é uma necessidade para o existir humano, a fé no divino parece responder ao desejo de mistério inerente ao ser humano. Já a fé em um Deus pessoal — fé teologal — e num Deus tripessoal — fé cristã — é mais complexa. Aí estão ateus e pessoas religiosas que param ante a barreira do Deus pessoal.

Mais difícil ainda é a fé eclesial. Seria possível uma fé que nos ligasse diretamente a Deus, deixando-nos a responsabilidade pessoal de articular, organizar e concretizar tal relação? A fé eclesial, porém, interpõe entre nós e Deus mediações humanas de diversas naturezas: sacramentos, ritos, pessoas, templos, espaços, tempos, prescrições, organizações. E nesse momento a fraqueza humana intromete-se, desacreditando tais mediações. Cada mediação dessas, por mais sagrada que seja, por ser humana, participa da ambigüidade que redunda em dificuldade para a fé.

Os sacramentos e ritos caem facilmente na rotina e no formalismo, perdendo sua referência à experiência humana. As prescrições tornam-se imposições heterônomas, pesadas e insuportáveis; a organização enrijece-se; os tempos e espaços secularizam-se; os templos perdem a sacralidade. Mas a maior tentação e dificuldade para a fé eclesial é o poder eclesiástico, o autoritarismo, a imposição. E liga-se ao poder toda sorte de conivências. Se o lorde inglês dizia que todo poder corrompe, o poder absoluto corrompe absolutamente; o poder eclesiástico tem ares de absolutismo. Como a fé consegue superar tais dificuldades? O caminho teológico está indicado pelo próprio Jesus e a autoridade na Igreja não é poder, mas serviço. Entretanto, nem sempre a lição do Mestre foi entendida e seguida.

Até agora a análise da fé humana, teologal, cristã e eclesial contemplou o lado do ato humano. Quem crê é o ser humano em diferentes atitudes e situações. E Deus nessa relação de fé? Ele criou o ser humano estruturalmente necessitante de uma confiança (fé humana), inscreveu no seu interior um desejo de mistério (fé religiosa), manifestou-se a ele por meio de revelações como Deus pessoal (fé teologal), tripessoal em Jesus Cristo (fé cristã) e o qual deixou atrás de si uma comunidade para prosseguir sua missão (fé eclesial). Essa ação de Deus não é externa ao ato de fé. Por isso, entende-se como os humanos crêem e continuam crendo, apesar de tantos empecilhos.

Estrutura interna da fé como graça. Tocamos aqui o ponto crucial da fé sob a perspectiva teológica. Até então, víamos que ela era um ato da liberdade humana. Mas ela é fundamentalmente graça. O que significa isso? Em última instância, não é um movimento da liberdade humana que se decide por Deus, mas um movimento Dele que a atrai e fundamenta-lhe o ato de fé. Isso firma-se no testemunho de Deus sabido e crido. O dinamismo do ser humano para Ele não é mera tendência do espírito para o ser, a verdade, o bem, a beleza, como afirma a filosofia clássica. Mais do que isso, ela é um chamado profundíssimo no coração humano por parte do Deus que cria e ama, que dá o ser, a liberdade e a possibilidade real de o ser humano orientar-se para ele. A força da atração da graça divina permite que as dificuldades sejam superadas, desde que o ser humano não lhe oponha a resistência de seu livre "não".

A fé é um ato da liberdade e da graça. Nem tanto da liberdade que desconheça a primordialidade da graça; nem tanto da graça que destrua a liberdade humana por algum destino determinista. O equilíbrio do jogo entre graça e liberdade desafiou e continua desafiando as teologias de todos os tempos. Primeiro está Deus com sua graça. "Amemos a Deus, porque Deus nos amou primeiro." (1 Jo 4: 19) O que vem em seguida é nossa liberdade que acolhe, aceita, se deixa atrair, sem perder a autonomia. Antes, no ato de fé, consolida-se a plenitude da liberdade humana. Nunca somos tão livres quando afirmamos na graça a entrega a Deus, isto é, quando cremos. O ato de fé é a cruz da inteligência, porque lhe falta a evidência; é a plenitude da liberdade, porque o ser humano se apóia no próprio testemunho de Deus, firmíssimo e inquebrantável.

Conclusão

A vida real é mais complexa que as distinções didáticas, e ninguém vive os níveis da fé em compartimentos. A análise começou do nível mais simples ao mais complexo. Cada nível superior envolve o anterior. A fé antropológica, sendo uma estrutura do existir humano, está presente em todos os seres humanos, que vivem normalmente a convivialidade. No ritmo comum da existência, cremos nas pessoas, não vivemos numa eterna dúvida e suspeita. A vida humana tornar-se-ia insuportável se, antes de comer, duvidássemos das pessoas que produziram os alimentos e prepararam a comida — deveríamos então estar colhendo, todo tempo, amostras para os laboratórios. Quem me garantiria que os laboratórios não falsificariam os resultados? E assim por diante.

A fé humana, em alguns casos, abre-se ao mistério. Assim, quem a vive em relação às pessoas que lhe são modelos de existência aceita, embora implicitamente, certa dimensão de mistério em si e nos outros. Sem explicitá-lo, já tem algo da fé religiosa, que se expressa como tal, quando claramente se invoca o mistério. Quem vive o mistério, freqüentemente termina personalizando-o. E fazer isso já é referir-se implicitamente a um Ser supremo, "que todos chamam de Deus", diria santo Tomás. Mesmo quem só confia num outro ser humano acaba reconhecendo nele uma transcendência, algo maior que sua capacidade de analisá-lo, de captá-lo. E, no fundo, percebe que é visitado por um Ser maior. Os três primeiros níveis existem profundamente imbricados, embora a pessoa não os distinga como o fizemos na análise, nomeando-os de mistério, de Deus pessoal — Javé (judaísmo), Alá (islamismo) e Deus Pai (cristianismo) a partir de determinadas revelações.

Os níveis seguintes definem mais os limites. A fé cristã implica de tal maneira o reconhecimento da revelação de Jesus Cristo, que sem aceitá-lo não se é cristão. Entretanto, o teólogo alemão Karl Rahner ousou dizer que pelo mistério da criação em Cristo todos os seres estão marcados por Ele. Existem, por assim dizer, estruturas "crísticas" que constituem o mais profundo do ser humano. E quando ele responde a elas, realiza, sem saber explicitamente — portanto de modo anônimo — a sua fé cristã. Essa é uma posição muito discutida, e tem sua lógica, quando entendida a partir da própria revelação cristã. Todo ato positivamente ético, todo ato religioso verdadeiro seria cristão, responderia à fé cristã. A base de tal raciocínio é o axioma segundo o qual todo humanismo é um cristianismo, que não se desdobrou amplamente, e todo cristianismo é humanismo levado à sua plena floração.

Essas afirmações de Rahner soam excessivamente pretensiosas para ouvidos não cristãos. E o são, no sentido de reivindicação histórico-cultural. Mas perdem tal arrogância, se entendidas em nível ontológico, à espera de interpretações históricas e culturais. Para a fé cristã, só existe o Deus uno que é trino, é, portanto, todas as realidades cósmicas e humanas foram criadas pela Trindade e trazem necessariamente sua marca. Cabe ao ser humano e às religiões tematizarem, nomearem diferentemente tal realidade. O cristão a nomeia: Deus Pai, Jesus Cristo e Espírito Santo; outros o farão com outros nomes e percepções, pois Deus tem muitos nomes.

A fé eclesial goza de certa solidão. O passo de Deus — unipessoal e/ou trinitário — para a existência de uma realidade social, comunitária com a pretensão de ser a mediação necessária ou, ao menos, autêntica do encontro com Ele, é por demais exigente intelectual, existencial e historicamente. Entre os que crêem em Deus e os que aceitam a mediação necessária das Igrejas cristãs e, em particular, da Igreja católica há um fosso enorme.

Na ordem inversa das considerações, quem vive a dimensão eclesial da fé não pode prescindir da fé no Deus uno e trino, nem no mistério sagrado e nem na ética fundamental da existência humana. Uma fé demasiado institucional mereceu terrível crítica de Dostoiévski ao Grande Inquisidor que incorpora de tal modo a instituição eclesial que prende, encarcera e condena a morrer na fogueira, como o pior dos hereges, o Cristo que veio à Terra. "Foi assim que fizemos. Corrigimos a Tua obra, fundamo-la no Milagre, no Mistério e na Autoridade."

Seleção de textos

I

Julia Kristeva — ***Sobre fé e uma não-crente***

Não sou uma pessoa de fé. Lembro-me de que, vivendo numa família de pessoas religiosas, elas tentaram transmitir-me a sua fé, talvez sem muito fervor. Não lhes opus nenhuma incredulidade edipiana como recusa dos valores familiares. ... Diante de um ícone de Nossa Senhora que reinava do alto da minha cama, tentei me aproximar dessa fé que minha educação numa escola leiga mais ironizava, ou simplesmente ignorava, do que combatia. Busquei transportar-me a esse enigmático além, repleto de doce sofrimento e graça misteriosa, que a iconografia bizantina me mostrava. Como o estalo me custasse a acontecer, julguei que a fé deveria vir no final de penosas provas que me faltavam. ... Imaginava então a morte, a minha morte. Mas mesmo assim a vitalidade, para não dizer a excitabilidade, do corpo adolescente, surgia entre a imagem lúgubre do falecimento e a realidade cotidiana, antes que os sonhos eróticos se impusessem à representação macabra.

Pareceu-me em seguida, lendo sobre famosas experiências místicas, que simplificando ao máximo talvez se pudesse descrever a fé como um movimento de identificação, primário, com uma instância amorosa e protetora. Mais que perceber uma separação irreparável, o homem ocidental restabelece (mais por vias "semióticas" que "simbólicas") uma continuidade/fusão com o Outro, agora não mais substancial ou materno, mas simbólico e paterno. Santo Agostinho chega mesmo a comparar a fé do cristão em seu Deus com as relações do bebê com o seio materno, "essa dependência total, participação íntima em tudo o que, bom ou ruim, se origina dessa única fonte de vida". Fusão com um seio que ... a partir de então se transferirá do corpo maternal para uma instância invisível, no além. O que se dá é um considerável desarraigamento em relação à dependência infantil precoce, ... que transfere os benefícios imaginários para a ordem dos signos. Por mais inteligível ou razoável que possa ser essa dinâmica (e a teologia esmera-se ao descrevê-la), ela parece apoiar-se basicamente em processos psíquicos infra ou translingüísticos que obedecem à lógica dos processos primários e satisfazem o indivíduo em seu narcisismo. Freud via nos inícios da experiência psíquica uma identificação primária, "transferência direta e imediata" do eu em formação para o "pai da pré-história individual", que possuiria as características sexuais de pai e mãe e seria um composto de suas funções.

Esse "transporte direto e imediato" para uma forma, um esquema, uma instância (mais que para uma pessoa) ... é possivelmente o que o cristianismo celebra no Amor divino. "Deus vos amou primeiro" e "Deus é amor" são os postulados que garantem ao fiel a permanência da generosidade e da graça. ...

Fusão "semiótica" mais que "simbólica", como apontei, ela repara-nos os transtornos de Narcisos feridos, mal disfarçados nas conquistas e fracassos de nossos desejos e ódios. Serenada a dimensão narcísica, nossos desejos também podem ser representados nas narrativas, que recolhem a experiência da fé: no nascimento virginal (sonho secreto de toda infância) ou então no tormento da carne no Gólgota, reavivando a melancolia essencial do homem que busca reencontrar o corpo e o nome de um pai irremediavelmente separado dele.

Para que a fé seja possível, é preciso sem dúvida que tal salto "semiótico" em direção ao Outro, tal identificação primária com os pólos parentais arcaicos, próximos do continente materno, não seja encoberto pelo recalque nem deslocado para a elaboração de um saber que, ao desconhecer-lhe o mecanismo, o sepultaria. O recalque pode ser ateu, o ateísmo é recalcador, a experiência analítica pode levar o sujeito a abandonar a fé com conhecimento de causa. A perda de uma certa fruição, que se segue, traz em contrapartida, para o sujeito assim comprometido, o gozo de um outro saber, não positivo mas estritamente privado, fortuito e corroído de não-saber, ligado aos mais fundamentais movimentos do psiquismo.

Julia Kristeva, *Au commencement était lamour*

II

Xavier Zubiri — ***Sobre fé antropológica***

Tomamos aqui a fé como fenômeno humano em toda a sua amplitude. Para evitar, porém, mais longas indagações, apontarei imediatamente o que nos interessa aqui, a fé em Deus.

Em geral, entende-se que a fé consiste no assentimento a um juízo fundado no testemunho de outro, e que por conseguinte a fé é um conhecimento intelectual. Nessa concepção são claros tanto o objeto da fé como a natureza formal do ato de crer. O objeto da fé: a verdade de um juízo. A natureza do ato de crer: assentir por um testemunho. No problema, que nos ocupa, a fé teria por objeto uma série de afirmações acerca de Deus e consistiria em assentir a sua verdade por um testemunho que, em última instância, seria a autoridade mesma de Deus.

Que isto exista de alguma maneira em todo ato de fé é mais ou menos plausível. Mas somente de certa maneira. Porque a pergunta é outra: é essa a estrutura primeira e formal de toda fé, e, de modo especial, da fé em Deus? Feita a pergunta nessa linha, é clara a insuficiência dessa concepção de fé, tanto pelo que respeita à natureza formal do ato do de crer como pelo que respeita a seu próprio objeto.

Em primeiro lugar, a fé não está na articulação do testemunho com o testemunhado, mas sim na aceitação do testemunho enquanto testemunho, por parte do que crê. Então o primeiro e decisivo da fé encontra-se precisamente não no assentimento, mas na aceitação. Pois bem, a aceitação é um fenômeno que ultrapassa os limites do assentimento intelectual. É necessário perguntar então justamente que é aceitar. Com o que o problema da fé saiu intacto dessa discussão. Em segundo lugar, salta aos olhos que a fé como tipo de aceitação não recai primeira e formalmente sobre um juízo. É certo que a fé recai sobre algo verdadeiro. Mas é a verdade de um juízo a forma radical e primeira de verdade? De modo algum. Por conseguinte o mínimo que se pode dizer é que a fé não consiste no assentimento a um juízo, mas sim na aceitação do verdadeiro. Isso conduz a questão por outros caminhos, tanto em se tratando da fé como tal quanto a fé em Deus de modo especial.

Antes de tudo, uma coisa é clara: a aceitação é um modo do que estamos chamando de entrega. A entrega, segundo vimos, é um ir a partir de nós mesmos em direção a outra pessoa, dando-nos a ela. O homem se entrega a Deus, aceitando seu eu, seu ser pessoal próprio, em função da realidade pessoal de Deus. Portanto, a fé é radicalmente e acima de tudo a entrega de minha pessoa a uma realidade pessoal, a outra pessoa. O que na fé há de assentimento a um testemunho não é senão um aspecto de algo mais primário: da entrega. A fé não é assentimento a um juízo por um testemunho, mas sim a entrega a uma realidade pessoal. O ato de fé é um ato de entrega. Isso implica que digamos, de um lado, em que consiste a fé como entrega à realidade pessoal e, de outro, que se esclareçam as características dessa entrega enquanto entrega.

... A fé é a entrega a uma pessoa, a uma realidade pessoal. A questão se reduz, portanto, a que digamos qual é o aspecto da realidade pessoal a que formalmente se entrega minha pessoa no ato da fé. ... A fé é uma entrega à pessoa, que envolve uma crença na verdade. Sob pretexto de que a fé não recai formalmente sobre a verdade de um juízo, a filosofia da religião e a teologia lançaram-se por essa via da entrega a uma pessoa, sem interessar-se pelo momento da verdade; com o qual se perdeu o próprio da fé como ato de entrega. É, a meu modo de ver, um grave defeito da teologia e da filosofia atuais.

A entrega que constitui a fé é entrega a uma pessoa enquanto esta pessoa envolve verdade. O que é essa verdade? Esta é a questão. Poder-se-ia pensar que se trata de uma verdade comunicada pela pessoa a quem se faz a entrega. Isto é, a fé seria a entrega a uma pessoa enquanto comunica uma verdade. Nesse caso da fé divina, a fé seria crer no que Deus comunica. A entrega da fé consistiria, como dizia santo Agostinho, em um *Credere Deo*, num crer a Deus.

O próprio santo Agostinho denuncia energicamente a insuficiência dessa concepção de fé. Porque o decisivo não está no que a pessoa diz, mas sim em algo mais profundo e radical: crer na pessoa mesma. No caso de Deus, fé é *credere in Deum, crer em Deus* e não somente *credere Deo, crer a Deus.* Mas que é *crer* numa pessoa, em especial, que é *crer* em Deus? Para santo Agostinho, a coisa não oferece dúvida: *credere in Deus (est) credendo amare, credendo diligere* (Tract in John XXIX, 6) (crer em Deus é amar crendo). Tomando a linha de nossa análise, a fé seria a entrega pessoal no amor.

... Não se trata, pois, da verdade do que a pessoa diz ou faz, mas sim da verdade que é ela mesma enquanto realidade. Então, a fé é, ao mesmo tempo, intrinsecamente e simultaneamente, amar e crer. Este é, a meu modo de ver, exato crer em Deus: a fé é a entrega a uma realidade pessoal enquanto verdadeira. Eis o que buscávamos. A fé, dizia antes, é um ato de entrega a uma realidade pessoal. Pois bem, o que especifica essa entrega e faz dela um ato de fé, é que a entrega recaia sobre uma pessoa enquanto verdadeira.

Xavier Zubiri, *El hombre y Dios*

III

Dalai Lama — ***Sobre fé religiosa***

Tenho observado que a crença religiosa não é um pré-requisito nem para a conduta ética nem para a própria felicidade. Já disse também que, quer a pessoa pratique ou não uma religião, as qualidades espirituais de amor, compaixão, paciência, tolerância, generosidade, humildade e outras mais são indispensáveis. Ao mesmo tempo, quero deixar claro que, na minha opinião, essas qualidades são desenvolvidas de modo muito mais fácil e eficiente através da prática religiosa. Também acredito que há um enorme benefício pessoal quando se pratica sinceramente uma religião. Pessoas que desenvolveram uma fé sólida, baseada na compreensão e aprofundada prática diária, em geral lidam muito melhor com as adversidades do que as que não têm essa fé. Assim, estou convencido de que a religião tem um potencial intenso para ajudar a humanidade a ser melhor. Quando bem empregada, é um instrumento extremamente eficiente para estabelecer condições que favoreçam a felicidade humana. De modo específico, pode representar um papel primordial ao estimular nas pessoas a noção de responsabilidade pelos outros e a necessidade de disciplina ética.

Nesses termos, portanto, acho que a religião ainda é relevante hoje. ... sejam quais forem as diferenças de doutrina, todas as principais religiões estão preocupadas em ajudar as pessoas a se tornarem melhores seres humanos. Todas dão relevo ao amor, à compaixão, à paciência, à tolerância, ao perdão, à humildade, e todas são capazes de ajudar os indivíduos a desenvolverem essas qualidades. ... É indispensável estarmos conscientes de que a prática religiosa implica muito mais do que apenas dizer "eu creio", ou, como no budismo, "eu me abrigo". ... Contar somente com a fé sem compreensão nem prática dos ensinamentos não é suficiente. ... O esforço que fazemos com sinceridade é o que nos torna verdadeiros praticantes de uma crença.

...

Se quisermos estabelecer uma verdadeira harmonia nascida do respeito e da compreensão mútuos, a religião tem um enorme potencial para falar com autoridade sobre questões morais de vital importância como paz e desarmamento, justiça social e política, meio ambiente e muitas outras que afetam toda a humanidade. Enquanto não pusermos em prática nossos próprios ensinamentos espirituais, nunca seremos levados a sério. E isso significa, entre outras coisas, dar um bom exemplo desenvolvendo relações harmoniosas com outras tradições de fé.

Dalai Lama, *Uma ética para o novo milênio*

IV

Joseph Ratzinger — ***Sobre fé teologal cristã***

"Deus é essencialmente invisível" — essa declaração fundamental da fé bíblica em Deus, em oposição à visibilidade dos deuses, é simultaneamente, e sobretudo mesmo, uma declaração sobre o homem. O homem é o ser vidente, para o qual o espaço da vida parece demarcado pelo espaço de sua visão e percepção. Mas Deus jamais aparece e nunca pode aparecer nesse espaço de sua visão e percepção, determinantes da localização existencial do homem, por mais que tal espaço seja sempre ampliado. Acredito, o que é importante, que, em princípio, essa declaração se encontra no Antigo Testamento: Deus não é apenas aquele que, agora e de fato, se acha fora do campo visual, podendo, contudo, ser percebido, se fosse possível avançar; não, ele é aquele que se encontra *essencialmente* fora deste campo, por mais que nossa área visual se alargue.

Com isso, porém, só se revela um primeiro esboço da atitude expressa pela palavrinha "creio". Ela conota um homem que não considera como o máximo a totalidade de suas capacidades, o ver, o ouvir e o perceber; que não considera o espaço do seu universo balizado pelo que se encerra no seu campo visual, auditivo, perceptivo, mas procura uma segunda forma de acesso à realidade, forma essa que chega a encontrar aí a abertura essencial de sua concepção do mundo. Sendo assim, a palavrinha "credo" encerra uma opção fundamental face à realidade como tal, não conotando apenas a constatação disso ou daquilo, mas apresentando-se como uma forma fundamental de comportamento para com o ser, para com a existência, para com o que é próprio da realidade, para com a sua globalidade. Trata-se de uma opção que considera o invisível, o absolutamente incapaz de alcançar o campo visual, não como o irreal, mas, pelo contrário, como o real propriamente dito, que representa o fundamento e a possibilidade da restante realidade. É a opção de aceitar esse algo que possibilita a realidade restante a proporcionar ao homem uma existência verdadeiramente humana, a torná-lo possível como homem e como ser humano. Dito ainda em outros termos: fé significa o decidir-se por um ponto no âmago da existência humana, o qual é incapaz de ser alimentado e sustentado pelo que é visível e tangível, mas que toca a orla do invisível de modo a torná-lo tangível e a revelar-se como uma necessidade para a existência humana.

Tal atitude certamente só se conseguirá através daquilo que a linguagem bíblica chama de "volta" ou "conversão". A tendência natural do homem leva-o ao visível, ao que se pode pegar e reter como propriedade. Cumpre-lhe voltar-se, internamente, para ver até que ponto abre mão do que lhe é próprio, ao deixar-se arrastar assim para fora da sua gravidade natural. Deve converter-se, voltar-se para conhecer quão cego está ao confiar apenas no que os olhos enxergam. A fé é impossível sem essa conversão da existência, sem essa ruptura com a tendência natural. Sim, a fé é a conversão, na qual o homem descobre estar seguindo uma ilusão ao se comprometer apenas com o palpável e sensível. E aqui está a razão mais profunda por que a fé não é demonstrável: é uma volta, uma reviravolta do ser, e somente quem se volta, recebe-a. E, porque nossa tendência não cessa de arrastarnos para outro rumo, a fé permanece sempre nova em seu aspecto de conversão ou volta, e somente através de uma conversão longa como a vida é que podemos ter consciência do que vem a ser "eu creio".

A partir daí é compreensível que a fé representa algo de quase impossível e problemático não apenas hoje e nas condições específicas da nossa situação moderna, mas, quiçá, de modo um tanto menos claro e identificável, já representou, sempre, o salto por cima de um abismo infinito, a saber, da contingência que esmaga o homem: a fé sempre teve algo de ruptura arriscada e de salto, por representar o desafio de aceitar o invisível como realidade e fundamento incondicional. Jamais a fé foi uma atitude conatural conseqüente do declive da existência humana; ela foi sempre uma decisão desafiadora da mesma raiz da existência, postulando sempre uma volta, uma conversão do homem, só possível na escolha. ...

A fé é a forma de firmar-se o homem no conjunto da realidade, forma irredutível ao conhecimento e incomensurável pelo conhecimento; fé é o dar-sentido sem o que a totalidade do homem ficaria ilocalizada, sentido que constitui a base do cálculo e da atividade humana e sem a qual, finalmente, não poderia nem calcular, nem agir, porque somente é capaz disto à luz de um sentido que o norteie. ...

Crer cristãmente significa confiar-se ao sentido que me sustenta a mim e ao mundo, torná-lo a base firme sobre a qual posso ficar sem receio... Crer cristãmente significa compreender a existência como resposta à palavra, ao Logos que sustenta e conserva todas as coisas. Significa dizer "sim", isto é, aceitar, ao fato de ser-nos oferecido o sentido que não podemos criar, mas apenas receber, de tal modo que nos basta aceitá-lo e confiar-nos a ele. ...

Apesar de tudo o que se disse, ainda não foi expresso o caráter mais profundo da fé cristã, seu caráter pessoal. A fé cristã é mais do que opção por uma base espiritual do mundo; sua fórmula central não diz: "Creio em alguma coisa", mas: "eu creio em Ti". É encontro com o homem Jesus, experimentando nesse encontro o sentido do mundo, como pessoa. ... . Jesus é a presença do próprio eterno neste mundo. Em sua vida, na irrestrição do seu ser para os homens está presente o sentido do mundo; ele doa-se-nos como amor, que também me ama, tornando amável a vida mediante dádiva, tão inconcebível, de um amor não ameaçado por nenhuma transitoriedade, por nenhuma perturbação egoística. O sentido do é o "tu", naturalmente somente aquele "tu" que não é pergunta aberta, mas o fundamento da totalidade que dispensa outro fundamento.

Assim a fé é a descoberta de um "tu" que me carrega e me transmite a promessa de um amor indestrutível dentro de toda insatisfação e da derradeira incapacidade do humano encontro, um "tu" que não só aspira à eternidade, mas que a concede. A fé cristã vive do fato de não apenas haver um sentido objetivo, mas de esse sentido conhecer e amar-me: de eu poder entregar-me a ele num gesto de criança que sabe todas as suas perguntas bem abrigadas no "tu" materno. Assim fé, confiança e amor, em última análise, são uma única coisa e todos os conteúdos em torno dos quais gira a fé são meras concretizações da reviravolta que a tudo sustenta, do "creio em Ti" — da descoberta de Deus no rosto do homem Jesus de Nazaré.

Joseph Ratzinger, *Introdução ao cristianismo*

Referências e fontes

• A citação da p.8 é extraída de Marcel Conche, *A análise do amor* (São Paulo, Martins Fontes, 1988, p.104ss).

• O caso citado na p.12 foi retirado de Maurício Abdalla, *O princípio da cooperação em busca de uma nova racionalidade* (São Paulo, Paulus, 2002, p.84).

• A citação da p.22 de santo Agostinho está em *Confissões*, I, 1. Na p.23, a referência a Rudolf Otto diz respeito a *Le sacré. Lélément non-rationnel dans lidée du divin et la relation avec le rationnel* (Paris, Payot, 1969, p.57ss, 277s).

• Na p.25 o texto refere-se à obra de Friedrich Gogarten, *Verhängnis und Hoffnung der Neuzeit: die Säkularisierung als theologisches Problem* (Munique, Siebenstern Taschenbuch, 1966).

• As citações da p.29 foram retiradas do artigo de A.N. Terrin, "Nuove forme dialoganti di religiosità", *Credereoggi* 11 (1991, 1) n.61, p.61-7 e de E. Barrios, *Mensaje de Acuario. Voz del Dios Amor* (Buenos Aires, Errepar, 1991, p.7).

• Na p.31 se faz referência a Max Weber, *Ensaios de sociologia* (org. por H. Gerth e C. Wright-Mills, Rio de Janeiro, Guanabara, 1982, p.165); citado por A. D'Andrea, *O self perfeito e a nova era. Individualismo e reflexividade em religiosidades pós-tradicionais* (São Paulo, Loyola, 2000, p.35).

• As orações judaicas da p.33 são retiradas de F. Teixeira e V. Berkenbrock, *Sede de Deus. Orações do judaísmo, cristianismo e islã* (Petrópolis, Vozes, 2002).

• Na p.43 a citação de Leonardo Boff vem de *Jesus Cristo libertador: Ensaio de cristologia crítica para o nosso tempo* (Petrópolis, Vozes, 6ª ed. 1977, p.193).

• Na p.56 alude-se à tese de Karl Rahner, trabalhada longamente no *Curso fundamental da fé: Introdução ao conceito de cristianismo* (São Paulo, Paulinas, 1989, p.238ss).

• A referência a Dostoiévski na p.57 remete ao episódio do "Grande Inquisidor" de *Crime e castigo.*

• As referências dos textos da seção anterior são respectivamente as seguintes: Julia Kristeva, *Au commencement était l'amour. Psychanalyse et foi* (Paris, Hachette, 1985, p.35-9); Xavier Zubiri, *El hombre y Dios* (Madri, Alianza, 1984, p.210-4); Dalai Lama, *Uma ética para o novo milênio* (Rio de Janeiro, Sextante, 2000, p.236-49); Joseph Ratzinger, *Introdução ao cristianismo. Preleções sobre o símbolo apostólico* (São Paulo, Herder/Loyola, 1970, p.17-45).

Leituras recomendadas

- Boff, Leonardo. *Tempo de transcendência. O ser humano como um projeto infinito*. Rio de Janeiro, Sextante, 2000.

  Pequeno livro acompanhado por um CD de uma conferência do mesmo autor sobre o tema. É uma reflexão sobre as raízes profundas do ser humano.

- Libânio, J.B. *A religião no início do milênio*. São Paulo, Loyola, 2002.

  O início do milênio apresenta esfuziante surto religioso. Esse livro analisa as causas contextuais econômicas, políticas, culturais, religiosas, psicológicas e filosófico-teológicas do fenômeno. Depois de delimitar os três campos da fé, da religião e da religiosidade, estuda a presença da religião na sociedade atual sob o duplo impacto da secularização e de sua presença pública. A dimensão subjetiva da religiosidade é entendida em confronto com a fé cristã no espaço da atual explosão religiosa.

- Libânio, J.B. *Eu creio — nós cremos. Tratado da fé*. São Paulo, Loyola, 2000.

  Manual de teologia católica em espírito ecumênico e na perspectiva do diálogo inter-religioso e com as ciências modernas. Na primeira parte, a partir de uma análise d subjetividade moderna e pós-moderna, reflete-se sobre o ato de crer com suas dificuldades e possibilidades. Na segunda parte, a fé é compreendida como ato comunitário e eclesial. E, finalmente, o livro confronta a fé com os desafios da atual visão ecológica, das religiões e da libertação.

• Queiruga, André Torres, *A revelação de Deus na realização humana*. São Paulo, Paulinas, 1995.

Teólogo espanhol católico. Excelente tratado da revelação divina como resposta ao ser humano. Deus quer revelar-se ao máximo a todos os seres humanos. É uma compreensão da revelação que facilita o diálogo com as outras tradições religiosas e com os não-crentes da modernidade. Valoriza a condição humana no processo de acolhida da revelação, inspirando-se na concepção socrática de maiêutica.

• Samuel, Albert, *As religiões hoje*. São Paulo, Paulus, 1997.

Vindo do mundo cultural francês, o autor apresenta, de maneira sintética e didática, a temática das religiões. Conhecido por artigos em revistas e por programas em rádios belgas e francesas, depois de rápida apresentação do “retorno religioso”, seu significado, limites e ambigüidades, estuda as principais formas religiosas da história da humanidade: o animismo, o hinduísmo, o budismo, o judaísmo, o cristianismo e o islã. Recolhe as convergências e diferenças entre as três grandes religiões monoteístas. Conclui com um estudo didático e conciso sobre as seitas e sobre o despertar e explosão das religiões.

Sobre o Autor

João Batista Libânio nasceu em Belo Horizonte, em 1932. Licenciou-se em letras neolatinas pela Pontifícia Universidade Católica do Rio de Janeiro (PUC-Rio), em filosofia eclesiástica pela Faculdade de Nova Friburgo (RJ) e em teologia pela Faculdade de Sankt Georgen (Frankfurt, Alemanha), doutorando-se em teologia na Pontifícia Universidade Gregoriana de Roma. Lecionou teologia na Faculdade Teológica Cristo-Rei, em São Leopoldo, na PUC-Rio e no Instituto Superior de Pastoral (Ispal) da PUC-MG. Atualmente é professor da Faculdade de Teologia do Instituto Santo Inácio — Centro de Estudos Superiores (ISI-CES, Belo Horizonte). É presidente fundador da Sociedade de Teologia e Ciências da Religião (Soter). Entre as suas obras mais recentes encontram-se: *A arte de formar-se* (São Paulo, Loyola, 3ª ed., 2002); *A religião no início do milênio* (São Paulo, Loyola, 2002); *As lógicas da cidade. O impacto sobre a fé e sob o impacto da fé* (São Paulo, Loyola, 2ª ed., 2002); *Crer num mundo de muitas crenças e pouca libertação*. Valencia/ São Paulo, Siquem/ Paulinas, 2001); *Eu creio – nós cremos. Tratado da fé* (São Paulo, Loyola, 2000); *Ideologia e cidadania* (São Paulo, Moderna, 6ª ed., 2001); *Introdução à vida intelectual* (São Paulo, Loyola, 2ª ed., 2002); *Olhando para o futuro (São Paulo, Loyola, 2003).*

Coleção **PASSO-A-PASSO**

1. **Hegel,** Denis L. Rosenfield
2. **Nietzsche**, Nelson Boeira
3. **Hobbes**, Maria Isabel Limongi
4. **Adorno/Horkheimer & a Dialética do Esclarecimento**, Rodrigo Duarte
5. **Filosofia da linguagem**, Claudio Costa
6. **Heidegger & Ser e tempo**, Benedito Nunes
7. **Hobbes & a liberdade**, Júlio Bernardes
8. **Nietzsche & Para além de bem e mal**, Oswaldo Giacoia Junior
9. **Sófocles & Antígona**, Kathrin H. Rosenfield
10. **Cultura e empresas**, Lívia Barbosa
11. **Relações internacionais**, Williams Gonçalves
12. **A interpretação**, Laéria B. Fontenele
13. **Arte e psicanálise**, Tania Rivera
14. **Freud**, Marco Antonio Coutinho Jorge e Nadiá P. Ferreira
15. **Hegel & a Fenomenologia do espírito**, Paulo Meneses
16. **Schopenhauer**, Jair Barboza
17. **Adorno & a arte contemporânea**, Verlaine Freitas
18. **Rawls**, Nythamar de Oliveira
19. **Freud & a cultura**, Betty B. Fuks
20. **Freud & a religião**, Sérgio Nazar David
21. **Para que serve a psicanálise?**, Denise Maurano
22. **Depressão e melancolia**, Urania Tourinho Peres
23. **A neurose obsessiva**, Maria Anita Carneiro Ribeiro
24. **Rituais ontem e hoje**, Mariza Peirano
25. **Capital social**, Maria Celina D'Araujo
26. **Hierarquia e individualismo**, Piero de Camargo Leirner
27. **Freud & a filosofia**, Joel Birman
28. **Platão & A República**, Jayme Paviani
29. **Maquiavel**, Newton Bignotto
30. **Filosofia medieval**, Alfredo Storck
31. **Filosofia da ciência**, Alberto Oliva
32. **Heidegger**, Zeljko Loparic
33. **Kant & o direito**, Ricardo Terra
34. **Fé**, J.B. Libânio
35. **Ceticismo**, Plínio Junqueira Smith

Próximos volumes:

36. **Bioética**, Darlei Dall'Agnol
37. **A Teoria Crítica**, Marcos Nobre
38. **O adolescente e o outro**, Sonia Alberti
39. **O que é o sujeito?**, Luciano Elia
40. **O amor na teoria psicanalítica**, Nadiá P. Ferreira
41. **Mito e psicanálise**, Ana Vicentini de Azevedo
42. **Lacan: o grande freudiano**, Marco Antonio Coutinho Jorge e Nadiá P. Ferreira
43. **Sociedade de consumo**, Lívia Barbosa
44. **Literatura e sociedade**, Adriana Facina